LES COURSES DE TAUREAUX

(ESPAGNE ET FRANCE)

PARIS. — E. DE SOYE, IMPRIMEUR, PLACE DU PANTHÉON, 2.

LES COURSES

DE

TAUREAUX

(ESPAGNE ET FRANCE)

PAR

M. le docteur H. BLATIN

Chevalier de la Légion d'honneur,
vice président de la Société protectrice des animaux,
vice-président de la Société protectrice de l'Enfance,
membre titulaire de la Commission d'hygiène du 6e arrondissement,
et de la Société médicale d'Emulation,
membre honoraire de la Société médico-chirurgicale de Paris,
membre correspondant des Sociétés médicales de Bordeaux,
Alger, Hambourg, etc., et de plusieurs sociétés scientifiques,
membre honoraire des principales Sociétés protectrices des animaux,
lauréat de celles de Paris, de Lyon, de Bruxelles,
et de la Société Nationale d'Encouragement au Bien.

PARIS
LIBRAIRIE FRANÇAISE
E. MAILLET, LIBRAIRE-ÉDITEUR
15, RUE TRONCHET, PRÈS LA MADELEINE

EXTRAIT

D'UNE LETTRE DE M. A. GODIN

Ancien secrétaire général de la Société Protectrice

A M. HENRY BLATIN

CHER DOCTEUR ET TRÈS-HONORÉ COLLÈGUE,

J'ai lu, avec un vif intérêt, votre brochure sur les *Courses de taureaux*. Je vous remercie de ce travail remarquable, comme de tous vos travaux si persévérants pour une œuvre à laquelle j'ai voué aussi une partie de ma vie, avec l'entière conviction de contribuer au bien général.

L'institution moderne des *Société protectrices des animaux* a pour but final d'abolir les coutumes et habitudes cruelles qui endurcissent et pervertissent l'homme. — C'est une heureuse tendance civilisatrice, au milieu de tant d'éléments dissolvants.

Une foule de mauvais traitements se commettent journellement sur les animaux, soit par un intérêt mal compris, soit par un emportement coupable et déraisonnable, soit par légèreté.

Toutes ces cruautés, c'est-à-dire toutes ces souffrances imposées publiquement ou secrètement, *sans nécessité,* doivent être sévèrement proscrites à l'égard de tous les êtres animés.

Mais les *combats de taureaux* sont la plus scandaleuse violation des lois divines et humaines, parce qu'ils ont lieu non-seulement en public, mais solennellement et avec préméditation; parce qu'ils font subir aux deux principaux serviteurs de l'homme, le *bœuf* et le *cheval,* les plus affreuses tortures; parce qu'ici aucune utilité n'apparaît; enfin parce que le *plaisir* ou l'amusement puisé dans la souffrance est une sorte de sacrilége.

Plusieurs fois, dans mon journal (1), j'ai signalé énergiquement ces fêtes démoralisatrices à la réprobation publique, et aussi à l'auguste attention du Souverain, rappelant que nous avons une loi spéciale et nationale, — celle du 2 juillet 1850, — qui interdit tous *mauvais traitements* commis *publiquement,* sur toute espèce d'*animaux domestiques;* et que les combats de taureaux tombent évi-

(1) *Le Protecteur, le Législateur et l'Ami des Animaux.*

demment en première ligne sous l'application de cette loi.

Malheureusement l'écho de ma faible voix n'est pas monté jusqu'au trône.

J'espère que vous serez plus heureux, et que non-seulement nous ne verrons pas s'établir ces jeux maudits au nord et au centre de la France, — comme vous paraissez le craindre, — mais qu'ils cesseront bientôt de souiller nos frontières méridionales.

Et pourquoi n'espérerions-nous pas même les voir disparaître de cette chevaleresque et religieuse Espagne, si bien disposée à contribuer, de concert avec nous, à l'expansion de la civilisation chrétienne et à la destruction des abus de tous genres qui y font obstacle ?

Vous rappelez à propos, cher collègue, qu'après l'avénement d'un prince français au trône d'Espagne, les combats de taureaux furent pendant quelque temps supprimés. Ce qui eut lieu alors peut d'autant plus facilement se renouveler, d'une manière durable, que nos relations amicales ne sont plus seulement particulières entre souverains, mais générales entre les deux peuples si bien faits pour s'estimer.

Agréez, cher docteur, l'assurance de ma bien cordiale affection.

GODIN,
ancien avocat à la Cour impériale.

LES COURSES DE TAUREAUX

« Spectacles sanglants et honteux,
de démons plutôt que d'hommes. »
(Bulle du pape Pie V.) (1).

I

Historique des courses. — Passion espagnole.

Les Romains de la décadence s'enivraient au spectacle du sang versé par les bêtes féroces et les gladiateurs. « Aux jours où Rome voulait amuser son peuple immense, elle ouvrait son amphithéâtre, que venaient remplir les nobles

(1) Voir le texte complet de la bulle, à la page 39.

dames et les pieuses vestales admises au premier rang. Elle enfermait dans le cirque quelques types de tous les peuples, hommes noirs, blancs, jaunes, cuivrés... elle jetait sur tout cela ses lions, ses tigres, ses éléphants et ses rhinocéros; et tout cela hurlait, se déchirait, se dévorait; et les belles patriciennes, et les timides vierges de Vesta battaient des mains (1)... »

A cette scène esquissée par M. Eugène Bonnemaire, il ne faudrait pas ajouter beaucoup pour en faire un tableau retraçant les horribles combats où, de nos jours, en Espagne, au Mexique, en France même, les chevaux et les chiens qu'on fait éventrer, les taureaux qu'on harcèle, en les blessant à coups de pique, en leur lançant des flèches enflammées, qui s'attachent à leurs flancs et les brûlent avant qu'on les égorge, et dont le sang se mêle parfois à celui des hommes, attirent des milliers d'enthousiastes spectateurs. Au lieu d'esclaves, les gladiateurs sont des citoyens libres et parfois de haute lignée. Des chevaliers, des sénateurs romains ne descendirent-ils pas dans l'arène?

(1) *La Presse Scientifique des Deux-Mondes*, 1861, Tome II.

L'empereur Charles-Quint combattait le taureau, dans une fête, à Valladolid, pour célébrer la naissance de son fils, qui régna sous le nom de Philippe II. Sous Philippe IV, les courtisans de ce roi toréador avaient pour plaisir favori les combats de taureaux. Il en fut de même sous son successeur, Charles II, vers la fin du seizième siècle, où l'éclat des fêtes tauromachiques atteignit son apogée. Mais, lorsque le duc d'Anjou vint, du consentement de son frère, le duc de Bourgogne, s'asseoir, après la guerre sanglante de *la Succession*, sur le trône d'Espagne, en vertu du testament de Charles II, qui mourut en 1700, léguant *son* royaume au fils aîné de sa sœur, Marie-Thérèse d'Autriche, femme de Louis XIV, ce prince français, Philippe V, manifesta si vivement son dégoût pour ces jeux immoraux, que la noblesse, qui jusque-là figurait activement dans ces luttes, dut y renoncer, et les arènes furent abandonnées au peuple. « La cour du petit-fils de Louis XIV, dominée sans doute par l'influence française, affecta même de dédaigner ces spectacles (1). »

(1) *Le Tour du Monde. — Voyage en Espagne*, par Ch. Davillier, 1862, page 326.

Charles III, son successeur, avait aussi de l'aversion pour les combats de taureaux. Il s'efforça de détacher la nation espagnole « de cette frénésie, source de désordres et de dissipation pour un peuple qu'il voulait ramener au travail ; fléau pour l'agriculture à laquelle elle enlève chaque année tant d'instruments précieux (1). » Son ministre Florida Blanca seconda ses vues : on restreignit le nombre de courses dans les villes de province ; à Madrid même, on ne livra que des taureaux débiles ; le spectacle perdit son principal attrait (2).

Par malheur, sous Charles IV, le goût mal étouffé se raviva bientôt. On vit des fêtes plus animées, plus sanglantes que toutes celles des règnes précédents ; les gens de qualité se livrèrent sans entrave à cette passion pour le cirque, passion qui, loin de s'affaiblir, paraît, de nos

(1) Bourgoing, *Tableau de l'histoire moderne*. t. II, page 384.

(2) En 1771, Henri Swinburne pouvait encore écrire : « Il n'assiste jamais personne de la famille royale à ces amusements... Les nobles ne se piquent plus de montrer leur courage, leur force ou leur dextérité, dans ces exercices fatigants et dangereux..... Il n'y a plus un seul gentilhomme qui se soucie d'y hasarder sa vie. » (Voyez son *Voyage en Espagne*, page 490.)

jours, s'être réveillée plus vive, puisqu'on a cru devoir ouvrir, en plein dix-neuvième siècle, une école royale pour apprendre, aux frais de l'Etat, comme un art national, à tuer des taureaux. Un décret, daté du 18 mai 1830 et portant le sceau du roi, instituait à Séville l'enseignement officiel de la tauromachie. Dans cette académie, qui avait gravé sur le fronton de son portail le nom du pieux Ferdinand VII, on s'escrimait d'abord sur des mannequins, puis on allait, dans le plus proche abattoir, s'exercer sur des animaux vivants. En 1836, on l'a supprimée.

On annonçait, en 1857, à Madrid, pour le soir de la Saint-Jean, une course dans le cirque au dehors de la porte d'Alcala. « Les jeunes taureaux (disait l'immense affiche) recevront la mort de nobles et aristocratiques mains ; des jeunes gens appartenant aux premières familles de l'Andalousie, du Génil, du Guadalquivir, devant seuls paraître dans l'arène. La fête sera présidée par la belle duchesse de Medina-Celi. »

D'après *le Courrier de Madrid*, la course a été magnifique ! Vingt-six chevaux ont été tués : le cinquième taureau en a éventré cinq ; et le sixième, neuf.

Combien elles ont dû battre des mains, les sensibles Madrilènes, agiter leurs écharpes de soie et d'or, et sourire à ces nobles vainqueurs, souillés de poussière et de sang (1) !

C'est, d'ordinaire, sur des taurillons de deux ans que s'exercent les amateurs, les raffinés, qui descendent dans le cirque pour égorger par amusement d'inoffensives bêtes, selon les règles de l'art : c'est aussi par les *novillos* que débutent les futurs toréadors, pour s'affermir le pied, l'œil et le cœur.

L'origine des courses de taureaux paraît remonter à une époque très-reculée ; quelques auteurs la fixent au séjour des Arabes dans la Péninsule. « En tout ce divertissement, dit Aarsens de Sommerdyck, on remarque une certaine cruauté invétérée qui est venue d'Afrique, et qui n'y est pas retournée avec les Sarrasins. » Et il ajoute que déjà de son temps « toutes les villes avoient leurs festes de cette nature et

(1) On annonçait, à Madrid, pour le 7 janvier 1863, une course dans laquelle devaient figurer, comme *espadas*, plusieurs membres de la grandesse, notamment le duc de San Lorenzo, le marquis de Villaseca, etc. Les simples *picadores* devaient être aussi des marquis et des comtes (l'*Akhbar*).

n'auroient pas cru avoir aucun bonheur, si elles avoient manqué à les solemniser. »

Le goût des Espagnols pour ces jeux cruels est tellement développé, qu'il a malheureusement toutes les proportions d'une passion nationale. Les enfants y jouent au taureau, comme ils jouent, en France, au soldat (1).

Dans la moindre ville on trouve un amphithéâtre — *Plaza de toros* — plus ou moins remarquable, mais toujours dans de vastes proportions. « Le seul grand monument moderne que j'aie rencontré s'élevant en Espagne, m'écrivait, en 1859, M. Blatin (Mazelhier) est un immense cirque à Valence » où l'entreprise est faite aux frais et au profit des hospices de la ville. Les larges assises de pierres de taille, les épaisses murailles en brique de ce splendide amphithéâtre, semblent, dit le docteur Fée, présenter comme devant être éternels les jeux auxquels son enceinte est réservée.

Quelques-unes de ces places aux taureaux peuvent contenir plus de vingt mille personnes.

(1) « Le spectacle des taureaux fait la joie des enfants et la jubilation des vieillards », écrivait Pepe Hillo, *torero* fameux, qui a publié un Traité sur son art.

Celle de Ronda que le conseil municipal de la ville a fait réédifier en pierres de taille pour remplacer le cirque de bois dont l'écroulement, pendant une représentation, avait causé la mort d'un grand nombre de spectateurs, éclipse, dans ses proportions comme dans sa beauté, l'amphithéâtre de Séville, et donne place à vingt-deux mille individus.

La tauromanie, sous ce beau ciel, atteint tous les âges, depuis le sommet jusqu'aux derniers degrés de l'échelle sociale. Tout ce qu'on a dit et écrit contre ce barbare divertissement, n'a en rien, dit M. Davillier, diminué la vogue dont il jouit depuis un temps immémorial. Les courses sont présidées par le principal alcade, à défaut du gouverneur civil de la province, ou par les plus éminents personnages, par les étrangers auxquels on prétend faire honneur; quelquefois par les infants et par la reine elle-même ou le roi.

On y accourt de vingt lieues à la ronde. Le manouvrier qui gagne péniblement son pain, et le mendiant qui tend la main aux passants, trouvent toujours, au fond de leur bourse, quelque monnaie pour acquitter le droit d'entrée. « Il n'y a pas un bourgeois, disait Sommerdyck, qui ne veuille voir la feste de taureaux toutes les fois qu'elle se fait, et qui n'engageast ses meubles, plutost que d'y manquer, faute d'argent. » Et pourtant les bonnes places sont chères, surtout à l'ombre. Théophile Gautier fait remarquer que le lundi, jour des courses, toute la ville est en fête : les femmes du peuple mettent jusqu'à leur matelas en gage pour avoir quelques réaux à dépenser ce jour-là, et suivre la foule au cirque.

Si l'on affiche quelque prétention à l'élégance, il est de rigueur d'avoir sa *loge aux taureaux*, comme à Paris on a sa *loge à l'Opéra*.

A Madrid, les représentations se donnent chaque semaine, depuis le lundi de Pâques, jusqu'à la Toussaint. A Séville, la douceur de la température, pendant l'hiver, permet de ne pas les interrompre. Dans les villes de province, ce n'est guère qu'à l'occasion des grandes fêtes, et d'une manière irrégulière, que les courses ont lieu. Il n'est pas rare qu'on les répète deux fois dans le même jour. L'affluence y est toujours énorme.

Chacun vient chercher là des émotions. Aux mille péripéties du drame, quel enthousiasme délirant ou quelle fureur sauvage s'empare des spectateurs ! « C'est à peine s'ils peuvent rester en place : ils se lèvent, gesticulent, vocifèrent, interpellent à haute voix, et sur les tons les plus discordants, tantôt les toréadors, et tantôt les taureaux qu'ils excitent de toutes manières. Parfois ils descendent jusque dans l'arène. » Souvent, entr'eux, ils se disputent violemment, et vont jusqu'à se frapper au visage.

Si l'*espada* (celui qui porte l'épée et qui doit donner la mort), fait un beau coup, on l'acclame avec frénésie, on agite les mouchoirs, les écharpes et les ombrelles ; on jette au vainqueur des pièces de monnaie, des bouquets, des oranges et des cigares. Vestes, bonnets et chapeaux tombent à ses pieds. Cette avalanche de vêtements et de coiffures est la suprême manifestation de la foule enthousiaste. Mais si le *torero* manque d'audace ou de dextérité, les sifflets se mêlent aux huées, aux grossières injures (1). On lui lance, avec d'humiliants pro-

(1) « Je ne vous traduirai pas en français, je ne vous répéterai pas en espagnol, et je ne vous dirai pas, même dans le latin qui brave l'honnêteté, les invectives dont on accable soit les bêtes, soit les hommes ; la saturnale est complète. » — JOHN LEMOINE.

jectiles, des vases pleins d'eau, des bâtons. A Séville, un *matador* (tueur), saisi d'effroi, n'osa donner le coup de la mort ; le peuple, ivre de fureur, cria : « Le traître à la prison. » Il fut arrêté, réprimandé par le gouverneur et sur le champ incarcéré. Si le président de la course eût refusé d'agir, les poings se seraient levés vers sa loge ; peut-être même aurait-on démoli le cirque, comme on l'a fait, il y a peu d'années, à Barcelone. Un Catalan devait arrêter un taureau par les cornes. En face de l'animal, il sent ses forces paralysées, et ne veut plus affronter la bête. Aussitôt on murmure ; la tem-

Quelques jours en Espagne. — *Revue des Deux-Mondes*, juillet 1858.

« Il faut voir la liberté que chacun apporte aux courses ! Un des premiers effets de cette liberté est de supprimer toute gêne, à commencer par la gêne des habits... Quelqu'outrée que soit l'idée que vous vous fassiez de ce sans-gêne, il faut que vous enchérissiez, pour n'avoir pas même encore la mesure exacte de la licence du langage que la tenue de ces réunions favorise. Ce sont des expressions grossières, obscènes même, qui échappent, je veux bien le croire, à l'entraînement de la passion, mais qui affligent les oreilles chastes qui ne sont pas suffisamment familiarisées avec le vocabulaire des courses... » (*L'Illustration*, 10 septembre 1853).

pête populaire est près d'éclater. L'autorité donne l'ordre de commencer le combat des chiens, annoncé sur le programme. Les spectateurs sont devenus furieux ; un cri de menace épouvantable, universel, retentit ; l'œuvre de la dévastation et la démolition des barrières commencent. On insulte, on blesse grièvement, à coups de pierres, des agents de la force publique et des gardes-urbains inoffensifs. Le colonel commandant de la marine est en péril. « S'il avait fait usage des armes à feu, nous aurions, dit le *Diario de Barcelone*, à déplorer aujourd'hui de grands malheurs. »

Bientôt le cirque ne présenta plus qu'un monceau de ruines.

On bat des mains quand le taureau tue son homme, et l'on crie : « Bravo ! Bravo ! » On a vu douze mille spectateurs demander d'une seule voix la grâce d'un taureau qui avait éventré neuf chevaux et un *picador*. La grâce fut accordée, et le taureau, chose inouïe, sortit vivant de l'arène (1). Mais pour l'animal pacifique, ou lourd, ou fatigué, point de grâce, point de

(1) ALEXANDRE DUMAS, *Voyage de Paris à Cadix*, 1861, page 122.

trève : des milliers de mains frémissantes d'indignation s'offriraient pour le frapper à mort (1).

« Certains taureaux de Navarre, ardents à la poursuite, versent des larmes de désespoir, lorsque, vers la fin du combat, ils ont cru atteindre le *matador*, et que celui-ci leur échappe en les perçant de son épée. Quand ils se sentent frappés à mort, loin de chercher une place pour s'y coucher, comme font les autres taureaux, raidissant leurs membres, ils luttent jusqu'au dernier souffle, qu'ils exhalent debout et ne tombent qu'à l'état de cadavres (2). »

A Saint-Sébastien, à quelques lieues de la frontière de France, on a donné, le 15 août 1862, deux combats à la fois. On avait partagé l'arène par moitié, au moyen d'une double cloison en planches, ménageant entre les deux clô-

(1) « Le dernier taureau de chacune de ces fêtes, écrivait Swinburne, en 1776, est *embolado*, c'est-à-dire que ses cornes sont enveloppées ; alors on laisse entrer toute la populace dans l'arène, avec des bâtons dans les mains, pour apprendre le métier de *toreador*, pour assommer le taureau, ou pour être eux-mêmes jetés en l'air ou tués par lui. » — *Voyage*, page 435.

(2) Oduaga Zolarde, *Les Courses de taureaux expliquées*, 1854, p. 127.

tures un refuge pour les hommes que poursuivaient les taureaux. Les exercices se sont produits en partie double, plus périlleux, parce que l'espace était moindre; plus attrayants aussi pour les amateurs de ces plaisirs délicats, parce que la lutte était plus acharnée, qu'on faisait à la fois plus de blessures, et qu'ils avaient plus de chances de voir un homme écrasé contre la barrière (1).

Mais le pauvre cheval? Oh! n'y prenez pas garde. Les habitués vous recommandent de ne pas le regarder. « C'est le côté malpropre, hideux, répulsif du spectacle, écrivait, en 1858, M. John Lemoine, dans la *Revue des Deux-Mondes*. Quand il n'est qu'éventré, il continue à courir : ses boyaux pendants et sanglants traînent dans la poussière; le *picador* le laboure de ses éperons aigus; les valets de service l'accablent de coups de bâton; tel qu'il est, ce cheval sera recousu et servira une autre fois. »

Et ces atrocités ne sont pas des faits fortuits : loin de là. Tous les observateurs en citent des exemples. Ecoutez M. Blatin (Mazelhier) : « J'ai vu s'accomplir des traits d'horrible cruauté :

(1) L'*Union médicale*, septembre 1862.

un taureau était aveuglé de fureur, blessé en vingt endroits par les lances, les banderilles;... il éventra quatre ou cinq chevaux, dont les yeux étaient bandés, les oreilles bouchées, et qui ne pouvaient ni fuir ni se défendre. Le dernier, étendu par terre, les entrailles sorties, conservait encore un souffle de vie... On relève la bête à force de coups... Comme elle est gênée, dans son pas chancelant, par ses intestins pendants auxquels se mêlent des lambeaux ensanglantés de peau et de chair, on repousse violemment une partie des entrailles dans le ventre, et d'un coup de couteau on se débarrasse du reste. Le cheval va tomber; on le retient, on le raffermit, on l'épaule de chaque côté... Le *picador*, avec quelques précautions, l'enfourche de nouveau. Alors on ramène le taureau qui fond sur la victime et la renverse en l'éventrant une seconde fois. Pour le coup, le cheval était bien mort, et je m'en sentis soulagé; sans cela les bourreaux l'auraient encore poursuivi dans son agonie.

« Au milieu des massacres dont j'ai été le témoin indigné, j'en étais arrivé à garder toute ma compassion pour les animaux seuls, tant j'étais soulevé contre les hommes de l'arène, qui me semblaient être braves sans péril, et ne pas courir des dangers suffisants pour expliquer leur barbarie (1). »

M. Fée, professeur à la Faculté de médecine, à Strasbourg, qui a longtemps observé les mœurs de l'Espagne, pendant qu'il remplissait, auprès de l'armée française, les fonctions de chirurgien, écrivait, en 1859, dans une excellente notice : « Les hommes n'excitent aucun sentiment d'intérêt. Cet intérêt repose tout entier sur les animaux destinés à une mort douloureuse, inévitable (2). »

Tout admirateur qu'il est des prouesses espagnoles, M. Théophile Gautier n'en exprime pas moins sa pitié pour un de ces muets martyrs, un cheval qui vient de recevoir le coup mortel sous ses yeux, et dont il peint éloquemment l'agonie : « Le pauvre animal abandonné à lui-même se met à traverser l'arène en chancelant, comme s'il était ivre, s'embarassant les pieds dans ses entrailles. Des filets de sang noir jaillissaient impétueusement de sa plaie,

(1) *Bulletin de la Société protectrice des animaux*, 1859, page 390.

(2) *Idem*, 1860, page 29.

et zébraient le sable de zig-zags intermittents, qui trahissaient l'inégalité de sa démarche. Enfin il vint s'abattre près des *tablas*. Il releva deux ou trois fois la tête, roulant un œil bleu déjà vitré, retirant en arrière ses lèvres blanches d'écume, qui laissaient voir ses dents décharnées. Sa queue battit faiblement la terre, ses pieds de derrière s'agitèrent convulsivement et lancèrent une ruade suprême, comme s'il eût voulu briser de son dur sabot le crâne épais de la mort...

« J'insiste sur l'agonie de ce cheval, parce que c'est la sensation la plus pénible que j'aie éprouvée aux combats de taureaux (3). »

Les cavaliers sont garantis aux jambes, aux cuisses, jusqu'au ventre, par des bottes bardées de tôle épaisse, matelassées et couvertes de peau de buffle ; leur pied est emboîté dans un large étrier à la turque qui le protége. Sont-ils renversés, le corps du cheval qu'ils montent leur sert de bouclier ; d'ailleurs ils sont promptement secourus. L'agilité, l'adresse de ceux qui combattent à pied peuvent les soustraire au danger qu'ils affrontent volontairement.

(1) *Voyage en Espagne*, page 91.

II

La vie des hommes.

Revenons aux victimes humaines, dont le sang plus précieux que celui des animaux accroît trop souvent les palpitantes émotions des fêtes tauromachiques.

Voici quelques exemples d'accidents affreux et de morts d'hommes, qui montrent l'immoralité de ces jeux.

Le 25 décembre 1855, à Madrid, le célèbre *Pucheta* tenait la lice. Il tua trois taureaux ; onze chevaux et trois chiens furent éventrés ; neuf individus furent foulés aux pieds. Chacun disait, en sortant : « C'est une excellente course, et *Pucheta* est un vaillant homme ! »

A Malaga, le jour de l'inauguration du cirque, un taureau s'élança vigoureusement à la rencontre d'un cavalier, prit le cheval sur ses cornes, et l'envoya, d'un coup de tête, avec son maître, de l'autre côté de la barrière, aux grands applaudissements de la foule.

Il est telle course, en Espagne, où l'on a compté jusqu'à *dix morts d'hommes.*

C'est pour cela, sans doute, qu'un prêtre, « avec l'hostie et les saintes huiles », est là pour administrer le malheureux toréador, qui peut être frappé mortellement : dans la chapelle attenante à l'étable (*la chambre de la Vierge*), les jours de représentation, on allume quatre cierges et de petites bougies devant une image de la Madone : là sont déposés les secours pour un cas de nécessité. « C'est une coutume ancienne que les combattants, avant d'entrer en lice, s'y réconcilient avec Dieu (1). »

Dans un des balcons de l'amphithéâtre, deux

(1) « On a dû prévoir, disent les auteurs du *Théâtre de la guerre ou Tableau de l'Espagne* (1823, page 170), que dans un spectacle où le rôle principal des acteurs est de risquer leur vie, il fallait nécessairement les traiter comme des malades à l'article de la mort. »

chirurgiens, avec leurs instruments, sont prêts à porter de prompts secours aux blessés.

Dix morts ! ce chiffre effrayant est donné sous la garantie du père Pedro de Gusman, par M. Ch. Davillier, dans une excellente étude sur l'Espagne, publiée avec d'admirables dessins de Gustave Doré, par *Le Tour du Monde.* « Ce religieux qui écrivait au commencement du dix-septième siècle, assure, dit notre auteur, que de son temps, il n'y avait pas de fête de taureaux qui ne coutât la vie à deux ou trois personnes ; souvent même le nombre était plus considérable. A Valladolid, en 1816, dans une course où parurent seulement quelques taureaux, dix combattants restèrent morts sur place.

« Il dépeint les fêtes d'Aragon comme une *barbarie inimitable.* C'est un fait avéré, ajoute le père jésuite, que, dans de pareils exercices, il meurt, en moyenne, dans toute l'étendue de l'Espagne, deux ou trois cents personnes par année. »

Joseph Townsend, dans son *Voyage* traduit par Pictet-Mallet, rapporte qu'en 1809, pendant son séjour dans la Péninsule, deux *matadors* furent tués à Cadix : ils étaient frères (1).

(1) Townsend, tome I, page 285.

Par bonheur, la tauromachie n'a pas, de nos jours, des pages aussi funèbres. Cependant, sans remonter bien haut, dans son bilan mortuaire, nous pourrions compter encore un grand nombre de cadavres humains, et parmi eux plusieurs des plus fameux *toreros*.

Rigores ayant reçu trois coups de cornes, dans le cirque de Madrid, mourut au bout de quelque temps, après deux cruelles opérations (1).

Pepe Hillo, *espada* célèbre, qui a écrit un traité sur les règles de la tauromachie, fut tué, dans le même amphithéâtre. « Ce fut une mort affreuse. Il était tombé sur le dos. Bien que les entrailles sortissent de son corps, et qu'il eût plus de dix côtes brisées, on le vit se cramponner à la corne qui lui traversait le corps, chercher à s'en dégager par la force de ses bras, jusqu'à ce qu'enfin les mouvements de l'animal, les secousses qui déchiraient ses viscères, et les flots de sang qu'il répandait, le firent retomber sans mouvement. La course ne fut interrompue qu'un instant (2). »

(1) *Le tour du Monde*, 1862, page 350.
(2) Histoire du *Toreo*, par Bedoya.

Dans une course à Ronda, *Francisco Herrera Guillen*, frappé d'un coup de corne à la tète, mourut à l'instant même.

Cette catastrophe excita, dans les premiers moments, moins de commisération que de colère. On reprochait au malheureux sa folle imprudence (1).

« J'ai vu, dit l'auteur du *Tableau de l'Espagne* (1823), un *matador* percé d'un coup terrible. La corne était entrée dans la poitrine et sortait à la tempe. Le taureau courait avec sa victime, faisant aller le *matador* comme une aile de moulin-à-vent (2). »

En avril 1862, le lundi de Pâques, *Pepete*, une des premières épées de la Place de Madrid, a été tué à peu près raide, dans le combat. Voici les tristes détails donnés par le journal *Le Siècle* : « L'animal avait fait une entrée magnifique... Après avoir promené un ardent regard sur l'assemblée et l'arène, il se lance comme une flèche sur le *picador Antonio Calderon*, enlève sur sa tête monture et cavalier, et les jette tous deux sur le sol. Puis, la bête furieuse

(1) Histoire du *Toreo*.

(2) *Tableau de l'Espagne* (1823), page 171.

laboure de ses cornes le corps et les entrailles du malheureux cheval, et se dispose à assouvir sa rage sur l'homme gisant à côté. *Pepete* voit le péril où se trouve son compagnon. Il court à lui. Malheureusement le taureau, l'un des plus dangereux par son agilité qui se soient jamais vus, fond sur ce nouvel adversaire; il le frappe à la hanche, il le soulève, et le balançant quelques instants sur sa tête, il finit par lui donner un furieux coup de corne, qui lui traverse le cœur et le poumon. *Pepete* se relève à grand'peine, porte la main à sa blessure, et va tomber, comme mort, à dix pas. On l'emporte : en arrivant à l'infirmerie de la Place, il expire. On recouvre de sable les endroits maculés de sang, pour que le pied des hommes ne glisse pas, et... peu de minutes après, le spectacle recommence (1). »

Le cirque de Saragosse a été témoin d'un drame plus horrible encore, rapporté par le *le Messager du Midi*. Deux toréadors, chéris

(1) « Une des grandes qualités de ce merveilleux spectacle, dit Alexandre Dumas, c'est qu'il n'a jamais d'entre'acte : la mort même d'un homme n'est qu'un accident ordinaire qui n'interrompt rien. » — *Impressions de voyage. — De Paris à Cadix.* Tome, I, page 121.

du public, vinrent faire le salut d'usage et offrir de tuer les taureaux, en l'honneur du président et de l'assemblée. Le premier taureau fut bien tué par *Relogero ;* le second était portugais, très-méchant, noir, zébré de taches plus claires, sournois et vigoureux. Il reçut le coup de la mort de la main d'*Huevatero ;* mais, avant d'expirer, il lança en l'air le malheureux, le reçut sur ses cornes qui pénétrèrent profondément dans le corps, et le jeta évanoui à terre, puis il s'affaissa lui-même sur sa victime.

Le troisième taureau était portugais : les toréadors étaient sous une impression de terreur difficile à décrire : fier au milieu de l'arène, il semble défier les *banderilleros*, qui à grand' peine lui plantent trois ou quatre dards pour l'exciter.

« A la douleur et au bruit, le taureau devient furieux : c'est à *el Relogero* qu'incombe le pénible devoir de l'abattre ; mais il n'y va qu'en hésitant, et ne peut donner que des coups d'épée mal assurés. Le président l'appelle et lui propose de faire couper les jambes au taureau avec la demi-lune ; mais *el Relogero* refuse cette proposition honteuse pour un *toreador*, qui doit frapper un ennemi redoutable et non un ennemi à terre. Il retourne au combat ; le taureau fond sur lui ; en vain jette-t-il la *muletta* en drap rouge : l'animal n'y fait pas attention et le suit : *el Relogero* a saisi la barrière et va la franchir en lançant son épée au mufle du taureau ; l'épée rebondit sur le front de la bête, et par une étrange fatalité, elle vient frapper le pauvre *toreador* au mollet, qu'elle coupe jusqu'à l'os.

« Le sang coule à flots de l'artère ouverte : on emporte le malheureux. Alors on emploie la demi-lune ; elle tranche les deux jambes de derrière du taureau ; mais, debout encore sur ses tronçons, l'animal paraît si redoutable, que personne n'ose l'approcher : la demi-lune agit de nouveau et lui coupe une jambe de devant ; alors la bête tombe et un valet vient l'achever d'un coup de stylet dans la nuque.

« Le public n'était pas satisfait et demandait la suite du spectacle. L'autorité a été obligée de faire rendre les billets pour la prochaine représentation. »

Le journal *le Temps*, du 13 août 1867, rapporte qu'à Victoria la course a été complète : car outre les chevaux éventrés et les taureaux égorgés, il y a eu un *banderillero* frappé de trois blessures mortelles. La fête n'a pas été troublée.

Dans cette même année, le fameux toréador *Lagartijo* a été tué dans l'arène. *La Epoca* raconte ainsi l'événement : « Après avoir harcelé le taureau avec toute l'habileté qu'on lui connaît, il lui porta un magnifique coup d'épée, certain de lui avoir donné le coup de la mort ; mais au moment où *Lagartijo* se retournait pour saluer les spectateurs qui l'applaudissaient, le taureau, avant de tomber pour ne plus se relever, lui enfonça une corne dans l'épaule et le tua du coup. »

Un autre journal espagnol a calculé que le mois de septembre 1867 avait été fatal aux toréadors. Il a compté huit morts et un certain nombre de blessés. A Aravaca, le taureau a lancé par trois fois dans les airs un *picador*, sans le laisser retomber par terre. Ce malheureux a fini par toucher le sol à la quatrième reprise, mais horriblement mutilé, mourant.

Les simples préparatifs d'une course sont assez fréquemment marqués par de tragiques événements. Il n'est pas sans danger d'amener jusqu'au *corral*, étable du cirque, un troupeau de taureaux, animaux sauvages, farouches, d'une force terrible, et que la moindre provocation peut mettre en fureur. Aussi ne voyagent-ils que la nuit, guidés par des bœufs qu'on dresse à cet usage, et sous la conduite de nombreux gardiens, les uns à pied, armés de frondes et de bâtons, les autres à cheval, avec de longues piques. Que la bande s'effraye, et la voilà qui va, vivante avalanche, culbuter, broyer tout, sur son passage.

A Pampelune, au mois d'août 1861, tandis que la Place de la Constitution était encombrée de monde, un taureau qu'on destinait à la course, parvint à s'échapper : il tua, d'un coup de corne, un des promeneurs, en blessa dangereusement un second, courut sur une servante, lui donna dans la poitrine un coup de tête, et la tua sur-le-champ. Il attaqua ensuite un nommé *Turbico*, et l'étendit mort.

Puis, l'animal pénétra dans une maison où il blessa grièvement un enfant de quatre ans.

Pendant la représentation, des taureaux *sauteurs* peuvent franchir la muraille de madriers élevée de près de deux mètres autour de l'arène : « Un jour, dit M. John Lemoine, j'ai vu la lance d'un *picador* passer tout entière avec le tampon, sous la peau du taureau, sans que le *toreador* ait pu parvenir à la dégager. L'animal furieux battait l'air avec cette grande lance comme avec un fléau. Toujours emportant cette flèche de Nessus, attachée à ses flancs, il a franchi d'un bond la barrière, et ce n'est que dans le couloir de refuge qu'on a pu la lui arracher. »

« A la Place Mayor de Madrid, où l'on faisait à la fois deux combats, dit Alexandre Dumas, un jour il arriva que deux taureaux sautèrent à la fois dans le couloir, courant l'un sur l'autre, se rencontrèrent et se tuèrent tous deux (1). »

« Il est très-fréquent, dit M. Charles Yriarte, dans *Le Monde illustré* (4 mai 1868), que le taureau franchisse lui-même cette première barrière, et vienne, ahuri, faire le tour du cirque, enfermé dans ce couloir ; il est moins fréquent, mais il n'est pas rare de voir aussi l'animal furieux, dans un effort terrible, envahir les premiers degrés du cirque, et à coup de cornes se venger des toreadors sur le public lui-même. »

Dans une des dernières courses qui ont eu lieu à Vich, le taureau, après avoir éventré deux chevaux et être resté maître de la place, que ni

(1) *De Paris à Cadix*, tome I, page 103.

espada, ni *banderillero*, ni *picadores* n'osaient plus parcourir, prit son élan, et escalada les gradins du côté de l'ombre, où se trouvait l'aristocratie. Heureusement, dit le *Moniteur Universel*, il n'en résulta qu'une terreur légitime et des contusions.

Goya, célèbre aqua-fortiste, dont la pointe fidèle a reproduit, dans les trente-trois planches de sa *Toromaquia*, les principaux incidents des courses, a représenté un taureau sauteur qui, après avoir franchi la barrière et les gradins inférieurs, s'est précipité jusqu'au milieu de l'amphithéâtre, faisant une trouée à travers la foule éperdue. On voit gisant à ses pieds plusieurs cadavres, et sur ses cornes, le corps de l'alcade *mayor* de Torrejon misérablement embroché (1).

(1) *Le Tour du Monde*, 1862, page 352.

III

Les foudres du Vatican sans effet en Espagne

Vers le milieu du seizième siècle, un pape qu'en 1700 l'Église a canonisé, Pie V, voulut mettre un terme aux abus révoltants du cirque, par un acte mémorable dont l'original se trouve à la bibliothèque nationale de Madrid, et qu'il importe de citer en entier :

BULLE DE SAINT PIE V

Septième des décrétales, — Livre V, — Titre XVIII, — *De salute gregis dominici*, — chapitre unique.

Par cette bulle qui a pour titre : *Des jeux où l'on excite et combat des taureaux*, sont défendus les spectacles féroces et sanglants, dans lesquels des taureaux et autres animaux farouches sont introduits dans le cirque, et engagés dans des combats, pour le plaisir des hommes, mais habituellement pour la perte des combattants.

« Notre charge pastorale nous impose le devoir de nous occuper avec sollicitude du salut du troupeau du Seigneur, confié à nos soins par la divine Providence, et de nous appliquer à éloigner tous les fidèles des dangers qui menacent leurs corps et de tout ce qui pourrait entraîner la perte de leurs âmes. Quoique le détestable usage du duel, introduit par le démon pour induire les âmes dans le péché par la destruction des corps, ait été prohibé par un décret du concile de Trente, néanmoins, dans la plupart des villes et bourgs, beaucoup d'hommes, pour faire parade de leur force et de leur audace, continuent de donner des spectacles publics ou privés, où on les voit se battre avec des taureaux et autres bêtes féroces : d'où il résulte fractures de membres, morts d'hommes, périls pour les âmes. Considérant donc que ces spectacles, où des taureaux et des bêtes féroces sont excités dans le cirque ou sur la place publique, sont ennemis de la piété et de la charité chrétienne, et voulant abolir ces spectacles sanglants et honteux, de démons plutôt que d'hommes, et pourvoir ainsi, autant que nous le pouvons, avec l'aide de Dieu, au salut des âmes, nous défendons et interdisons par la présente constitution que nous déclarons valable à perpétuité, sous peine d'excommunication et d'anathème, *ipso facto*, à tous et à chacun des Princes chrétiens, quelle que soit leur dignité tant ecclésiastique que séculière, Empereurs, Rois ou autres, quelque nom qu'ils portent, à quelqu'État ou République qu'ils appartiennent, de permettre dans leurs provinces, villes, terres, forteresses et toutes autres dépendances, des spectacles de ce genre, où il y aurait des combats de taureaux et autres bêtes féroces. Nous défendons aussi aux militaires et à toute autre personne d'oser lutter, soit à pied, soit à cheval, avec des taureaux et autres bêtes féroces dans lesdits spectacles. Que si quelqu'un d'entre eux venait à y perdre la vie, qu'il soit privé de la sépulture ecclésiastique. Nous défendons également, sous peine d'excommunication, aux clercs, tant réguliers que séculiers qui jouissent de bénéfices ecclésiastiques ou sont dans les ordres sacrés, d'assister auxdits spectacles. Quant aux engagements, aux serments et aux vœux faits par n'importe quelle personne, université ou collége, de donner ces combats de taureaux, pensant par là, mais bien à tort, honorer les saints ou rehausser une solennité d'une fête de l'Église, car c'est par les louanges de Dieu, les joies spirituelles et les œuvres de piété, et non par ces sortes de jeux, qu'on doit honorer les saints et célébrer les fêtes de l'Église; quant à tous ces vœux, tant dans le passé que dans l'avenir, nous les prohibons absolument, les cassons et les annulons, et décrétons, et déclarons qu'il faut les regarder à perpétuité comme cassés, nuls et sans effets à l'avenir. Et ce nous mandons à tous les Princes, Comtes et Barons feudataires de la sainte Eglise romaine, sous peine de la privation des fiefs qu'ils tiennent de l'Église romaine elle-même. Quant aux autres Princes chrétiens, seigneurs de terres, ci-dessus dénommés, nous les exhortons dans le Seigneur et leur ordonnons, en vertu de la sainte obéissance, selon le respect et l'honneur dont ils entourent le nom de Dieu, de faire observer le plus exactement possible tout ce qui précède, dans leurs domaines et sur leurs terres, certains qu'ils recevront de ce même Dieu une très-grande récompense pour une si bonne œuvre. Nous mandons également à tous nos vénérables frères, Patriarches, Primats, Archevêques et Evêques, et autres Ordinaires des lieux, en vertu de la sainte obéissance, sous l'attestation du jugement de Dieu et la menace de la malédiction éternelle, de faire publier, autant qu'il est nécessaire, nos présentes lettres dans leurs cités et autres diocèses respectifs, et de tenir la main aux prescriptions des présentes lettres, sous les peines et les censures ecclésiastiques. »

Un commentaire érudit de cette bulle, par M. René de Semallé, qui en a publié le texte et qui l'a traduite, fait remarquer qu'il est impossible d'entrer dans plus de détails, pour condamner ces spectacles immoraux, pour les interdire aux souverains, aux clercs, tant réguliers que séculiers : mais les foudres du Vatican n'effrayèrent nullement la catholique Espagne. Elle n'en continua pas moins ses jeux flétris et réprouvés par le Pape. Croyante, mais aveuglée par sa passion funeste, elle s'y livre, tantôt pour célébrer un avénement au trône, la naissance ou le mariage d'un prince; tantôt en l'honneur d'un saint vénéré.

Dans le premier cas, ce sont les *courses royales*, où les fonctions de *picadores* sont remplies par de pauvres gentilshommes de noblesse bien reconnue, doublés, en cas d'accident, par des *toreros* de profession. Dans le second cas, les rôles sont partagés entre les membres de plusieurs confréries laïques. A Grenade, en 1853, des affiches indiquant le but spécial de ces courses y conviaient le public ; et, comme ces confrères — *toreros* amateurs — n'étaient pas du métier, ils sollicitaient l'indulgence des assistants.

C'est à la fête de Notre-Dame *del Pilar,* à Saragosse, une des imposantes solennités du royaume d'Aragon, qu'ont été données, le dimanche, 26 octobre 1862, les courses où l'on a tué trente-deux taureaux et compté deux victimes humaines ; où la foule, avide de sang et non satisfaite, s'est fait rendre les billets pour le spectacle suivant.

Par quelle aberration les Espagnols osent-ils

célébrer leurs fêtes religieuses par d'affreux spectacles que la religion condamne (1) ?

(1) « A nos portes, un peuple — il se prétend chrétien —
« D'animaux victimés savoure la souffrance :
« Or, ce peuple est celui qui livrait l'Innocence
« Nue à la dent des chiens, et qui prenait pour jeu
« D'aller voir brûler l'homme — ô rage ! — à petit feu !

» Quand on a un peu vécu dans la Péninsule, quand on a vu jusqu'à quel point y règne la coutume de procurer du mal aux animaux, et de leur faire subir les tourments les plus raffinés, on n'a pas de peine à comprendre tout ce qu'un tel peuple a exercé de férocité contre l'espèce humaine. On se rend compte de sa barbarie sans égale contre les pauvres Indiens qui l'avaient si fraternellement accueilli, et des supplices prolongés, étudiés, *exquis*, dont il se fait gloire d'être l'inventeur : supplices qu'il appliqua longtemps, avec délices, à tout homme ou toute femme que des prétextes quelconques — de politique ou de religion — lui permettaient de prendre pour victimes, et de soumettre impunément à ses infernales expérimentations. »

Epître aux Laboureurs, avec des Notes historiques et agronomiques, par M. Ch. Peire, brochure *in* 8°, récompensée par la Société protectrice des animaux — juin 1864. — (Rapport de M. Genty de Bussy.)

IV

Effet démoralisateur des courses

Croirait-on que chaque année voit périr, dans le seul cirque de Madrid, plus de deux cent cinquante taureaux! Quel doit en être le nombre pour tout le royaume! A lui seul, *Pedro Romero*, qui est mort en 1839, en aurait tué cinq mille six cents, dans sa longue carrière; et Cucharès, qui exerce encore son périlleux métier, en a déjà, d'après la *Correspondancia* de Séville (juillet 1868) abattu sept mille!

Pour les chevaux, on en sacrifie annuellement plusieurs milliers. Dans plus d'un cas, il a fallu recourir aux attelages des voitures de place, pour ne point manquer de victimes. Joseph

Townsend affirme que soixante de ces pauvres bêtes ont été tuées en un jour. « J'ai vu, dit M. le baron de Bourgoing, dans son *Tableau de l'Espagne moderne,* j'ai vu jusqu'à huit ou dix chevaux déchirés, éventrés par un seul taureau. Alors les expressions manquaient pour célébrer ces prouesses; c'était un trépignement, une *furia* délirante (1). »

Avec cette surexcitation permanente des instincts féroces et des passions populaires, qui pourrait compter les actes coupables, les cas de folie ou d'autres troubles profonds causés par de tels spectacles? Je regrette qu'un de nos savants aliénistes, le docteur Brière de Boismont, qui a donné, dans l'*Union médicale*, la relation d'une course de taureaux à Saint-Sébastien, n'ait pu trouver l'occasion d'aborder ce point délicat des perturbations mentales. Bien qu'il ait admiré l'adresse et le sang-froid des *toreros*, le courage

(1) Une note insérée au *Moniteur*, en 1867, rappelle, d'après une correspondance espagnole, qu'en 1861, le nombre des chevaux qui ont péri dans les courses est de 3,680; en 1866, ce chiffre est plus élevé. Celui des taureaux, pour la même année, est de 2,3[illegible]5. La somme totale que représentent ces animaux est de 7,800,000 réaux environ.

si mal employé, si stérile de ces bouchers élégants, et l'enthousiasme de la foule, il n'en souhaite pas moins la suppression de ces drames abrutissants. Loin de désespérer de voir pénétrer, en Espagne, comme ailleurs, les sentiments de compassion envers les animaux, l'horreur des joûtes barbares où tant de victimes succombent, il fixe à ce progrès une date prochaine, en s'exprimant ainsi :

« Lorsque la tranchée qui se fait du côté des Pyrénées aura ouvert un chemin aux nations, bien des préjugés seront modifiés ; la raison fera valoir ses droits ; alors peut-être les Espagnols se surprendront-ils, à désirer comme nous, la fin de ces spectacles ; peut-être penseront-ils que la vue du sang inutilement versé, fût-il celui d'un pauvre cheval ruiné, est un divertissement barbare, qui, pendant des siècles, a pu être la satisfaction d'un instinct, mais qui n'a plus aujourd'hui sa raison d'être. Ce jour-là, les combats de taureaux auront vécu (1). »

Ce jour-là, pourrais-je ajouter aussi, soyez sûrs qu'on ne verra plus le poignard ou le couteau catalan servir de dénouement à la moindre

(1) *L'Union médicale*, septembre 1862.

querelle. On respectera mieux la vie des hommes, quand, de gaîté de cœur, on ne sacrifiera plus celle des animaux.

Que l'on ne vienne pas nous dire que ces spectacles entretiennent l'ardeur guerrière d'une nation. Le courage guerrier et la cruauté sont deux choses distinctes. Les combats de gladiateurs et de bêtes sauvages dans l'arène ne sont devenus très-fréquents à Rome qu'à l'époque où la population de cette capitale du monde se composait presqu'exclusivement d'affranchis et de gens sans industrie, vivant aux dépens du trésor public, et ne demandant à l'autorité que du pain et les spectacles du cirque — *panem et circences.* — Or, suivant Montesquieu, la vue continuelle des combats de gladiateurs rendit, à cette époque, les Romains extrêmement féroces. « On remarque, ajoute ce grand écrivain, que Claude devint plus porté à répandre le sang, à force de voir ces sortes de spectacles. L'exemple de cet empereur, qui était d'un naturel doux et qui commit tant de cruautés, fait bien voir que l'éducation de son temps était différente de la nôtre. »

« La populace commença par le spectacle des lions et des panthères qui s'entre-déchiraient, pour en venir bientôt, comme si son appétit une fois éveillé, fût devenu chaque jour plus exigeant, à repaître ses regards de l'extermination mutuelle d'esclaves et de captifs, jusqu'à ce qu'enfin ce devint l'amusement favori et le plaisir le plus vif des dames romaines de rire de l'agonie des évêques et des confesseurs chrétiens (1)..... »

« Six siècles de guerre, a dit le savant et bon Pariset, qui fut secrétaire perpétuel de l'Académie de médecine et le premier des présidents de la Société protectrice, six siècles de guerre contre tous les peuples et contre eux-mêmes avaient allumé dans le sang des Romains une cruauté effroyable. Rassasiés de carnage sur les champs de bataille, ils allaient s'en repaître encore dans les jeux sanglants de leurs amphithéâtres. Ces affreuses délices avaient pénétré partout. Saint Augustin les rencontra chez les Maures de Césarée. Sa touchante parole leur fit ouvrir les yeux sur l'opprobre de ces atroces voluptés. Ils pleurèrent sur eux-mêmes et furent corrigés pour jamais (2). »

(1) Extrait d'un sermon prêché à l'église anglicane de la rue Daguesseau, par M. Thomas Jackson. — *Bulletin de la Société protectrice*, juin 1860.

(2) *Introduction aux Statuts de la Société protectrice des animaux*, 1846.

Sans doute, aux époques glorieuses de son histoire, l'Espagne a eu des courses de taureaux ; mais elles ne se sont généralisées, elles ne se sont établies dans les moindres bourgades, qu'après l'expulsion des Maures, quand l'agriculture et l'industrie de ce beau pays furent anéanties ; alors son esprit guerrier ne tarda pas à se perdre ; et ce peuple, qui avait longtemps occupé le premier rang parmi les nations, descendit presque au dernier. De nos jours, il fait de louables efforts pour reconquérir sa splendeur. N'hésitons pas à proclamer qu'un des meilleurs moyens d'y parvenir serait la fermeture de ses cirques.

On sait que, sur les quinze grands États fondés par l'Espagne dans l'Amérique, treize, depuis leur émancipation, ont aboli les courses à mort.

Le sentiment qu'éprouvent les étrangers, en assistant pour la première fois aux scènes d'égorgement et d'éventration qui passionnent les habitués, et font vibrer si profondément la fibre nationale, est une impression repoussante, un serrement de cœur, un éblouissement mêlé de dégoût, de terreur et de pitié ; mais, hélas ! après quelques séances, une espèce de fascination et d'enivrement succède au dégoût ; la pitié s'efface : on jouit des coups portés et reçus et des convulsions de la mort.

Les vrais amateurs — *aficionados* — et même les simples habitués, hommes et femmes, établissent une sorte de statistique, en marquant, avec une épingle, les coups de pique et les estocades, les chutes des hommes à cheval, le nombre des bêtes ou gens mortellement frappés, sur de petites cartes-programmes achetées à l'entrée du cirque et portant le nom du taureau, son âge et les *couleurs* de la bouverie plus ou moins célèbre qui l'a vu naître (1). On peut dire, avec M. Davillier, que presque toutes les piqûres faites dans ces cartons correspondent à autant de trous dans la peau d'un taureau, ou dans celle d'un cheval, et quelquefois aussi dans celle d'un homme.

Aux incidents les plus tragiques de la lutte, des femmes ardentes, enthousiastes, témoignent leur émotion par des applaudissements, des gestes, des cris. Il en est même, et dans toutes les

(1) Au moment de sortir du *toril*, pour porter l'irritation à son comble, on lui enfonce dans l'épaule gauche, avec un fer aiguisé en hameçon, une touffe de rubans, aux couleurs de son propriétaire. — Alexandre Dumas. (*De Paris à Cadix*.)

classes, qui vont jusqu'à se passionner d'amour pour ces hommes, pour des égorgeurs, presque tous d'une basse origine. Les auteurs qui citent ce trait de mœurs ajoutent : « Ce sont ordinairement des bouchers qui embrassent le périlleux métier de *toreros* (1). » Les Grands d'Espagne, assure-t-on, leur font de magnifiques présents. Aux funérailles du fameux *Montes*, leurs carosses suivaient le pompeux cortége.

On lit dans le *Journal des Débats* du 6 avril 1853, que les obsèques de *Chiclanero,* mort quelques jours auparavant, furent magnifiques. « Pendant deux jours, le cercueil renfermant ses restes mortels fut exposé en public, dans l'église de Saint-Sébastien. Le char funèbre était attelé de six chevaux et suivi de cent cinquante-deux équipages, parmi lesquels on remarquait celui du gouverneur civil de Madrid, et de plusieurs grands personnages. Après ces

(1) « Ce qui n'était autrefois qu'un passe-temps pour la noblesse est devenu aujourd'hui, dit M. Oduaga-Zolarde, une profession à laquelle ne se consacrent que des hommes sortis des rangs du peuple. » *Pepe-hillo*, dans sa jeunesse, était apprenti cordonnier; *Costillares* fut, comme ses parents, employé dans l'abattoir de Séville.

voitures marchaient, dans un silence profond, plus de vingt mille personnes. »

Qu'aurait-on fait de plus pour un bienfaiteur de l'humanité, pour Christophe Colomb ?

Malgré le riche traitement que reçoit le *torero,* chaque année, rarement il arrive à se créer une aisance qui lui permette de se retirer du cirque avant l'âge des infirmités. Dissipateur, gourmand et débauché, c'est, dans la plupart des cas, à l'hôpital qu'il finit sa carrière.

V

Protestation en Espagne

Ces plaisirs odieux ont leur source dans les mauvais instincts de l'homme, cette lie qu'il ne faut pas remuer.

Jusqu'en Espagne, terre classique de ces horribles amusements, il existe un parti nombreux contre les courses. Des esprits généreux s'indignent de ces immoralités publiques. La *España* du 9 décembre 1854 a signalé les tentatives faites pour la formation d'une Société protectrice entièrement composée de dames, et dont le principal but était l'abolition des combats de taureaux.

En outre, voici un fait qui pourrait faciliter

l'exécution de ce projet trop longtemps ajourné : le révérend Thomas Jackson annonçait, le 2 août 1862, au congrès international des Sociétés protectrices, à Hambourg, que Mlle Burton de Londres avait donné mille livres sterling (25,000 francs), pour l'établissement dans la Péninsule d'une association formée en vue de la suppression de ces jeux si vantés et si révoltants! Mais pourquoi laisser à des étrangers l'honneur d'une noble fondation à cet égard? « Est-ce là, s'écriait Pariset, un spectacle fait pour une nation magnanime, et comment l'Espagne n'a-t-elle pas encore son Las Cases pour les animaux (1)? »

Un grand nombre de journaux espagnols, parmi lesquels nous citerons le *Heraldo,* le *Diario* de Barcelone et le *Telegrafo*, ne craignent pas de déclarer ces spectacles scandaleux, indignes d'une nation civilisée, et ils en demandent l'abolition.

Muley-Abbas, se trouvant à Madrid avec sa suite, en 1862, refusa formellement de se rendre aux courses, ne voulant pas assister au

(1) *Introduction aux Statuts de la Société protectrice des animaux*, Paris, 1846.

massacre impitoyable de malheureux chevaux. Il est assez remarquable de voir un prince des États barbaresques donner une leçon d'humanité aux peuples les mieux policés. Ce fait suffit pour faire douter de l'origine arabe attribuée aux courses de taureaux, qu'on ne trouve établies dans aucune ville de l'Orient ; et l'on sait quelle est la persistance des mœurs et des coutumes, chez les peuples de l'Arabie.

Cette leçon ne sera pas perdue : espérons-le, tout en déplorant les nombreux malheurs qui doivent la faire accepter. A la mort horrible de *Pepete*, au cirque de Madrid, un mouvement très-vif s'est prononcé contre le sauvage plaisir payé par tant de sang humain.

La señora, qui signe du nom de *Fernand Caballero* des œuvres populaires dans toute l'Espagne et marquant sa place parmi les premiers et les plus féconds moralistes, s'élève avec une courageuse indignation contre « le répugnant carnage » et les dangers du cirque. Elle fait justice, avec sa conscience, avec le sentiment d'une saine raison, « des brillants paradoxes » qu'un touriste français accumule pour célébrer, dans son enthousiasme, « un spectacle plein d'horreur. Il est pénible, dit-elle, de voir des étrangers s'ériger en paladins, et défendre ce que la presse espagnole cherche à renverser, au nom de la morale et de l'humanité (1). »

Peignant, dans une page émue, l'agonie atroce du cavalier que le taureau charge sur ses cornes et présente au public, et qui, de cet échafaud vivant, lancé dans l'espace, puis retombant, baigné de sang, la tête fendue, s'affaisse enfin expirant, sans que la fête s'interrompe, Fernand Caballero adresse cette apostrophe à ses concitoyens :

« Et vous vous en laverez les mains, en disant que le *toreador* se présente volontairement au combat ! Non ! non ! on ne fait pas taire la conscience avec un pareil subterfuge. Non ! Si vous ne donniez pas votre or, si vous n'animiez pas ces hommes par vos applaudissements enthousiastes, il n'y aurait pas de *toreadores*. Vous dites que vous êtes dix mille : excuse sans valeur ! Le sang d'un homme se compose d'assez de gouttes, pour qu'il y en ait une qui tache chacune des monnaies que vous donnez pour payer les frais de ces sacrifices humains ; et le

(1) *Scènes de la vie espagnole.* — Œuvres de Fernand Caballero, traduites par M. Léon Vinzeau.

crime de la mort d'un homme est tel, que, bien qu'il soit partagé en dix mille parts, il suffit de celle qui vous incombe, pour que, dans son jour, le grand Juge vous dise : « Caïn, qu'as-tu fait de ton frère (1) ? »

M. Olozaga, prenant une honorable initiative, a déclaré au Parlement espagnol, dont il est un des personnages influents, que si le ministre de l'Intérieur voulait accorder l'autorisation de former une association dont les membres prendraient l'engagement de ne jamais assister aux courses de taureaux, il serait le premier à s'y faire inscrire.

(1) Extrait de *Una en otra*, page 215, Madrid 1861. Traduction du docteur Fée, auteur d'un remarquable ouvrage : *Les misères des animaux*.

VI

Funeste invasion en France

Jusqu'en 1852, nous ne connaissions, en France, sous le nom de courses de taureaux, que l'*Ecart*, espèce de lutte en usage dans beaucoup de localités des Landes, et dont la plume élégante de Mme Louis Figuier a fait une description si fidèle (1). Cet amusement grossier, brutal, parfois féroce, bien qu'il ne soit pas une course de taureaux *à mort*, donne lieu,

(1) La *Ferrade*, qui a pour but de marquer les bêtes à cornes paissant dans les vastes marais de la Camargue, en leur imprimant sur la cuisse, à l'aide d'un fer rouge, le chiffre de leur propriétaire, sert aussi de spectacle et de joûte.

chaque année, à des accidents mortels : beaucoup d'hommes de cœur et de progrès, parmi lesquels je citerai avec sympathie MM. Henri Tartière et de Sausse-Villiers, demandent au nom de la civilisation et de l'adoucissement des mœurs qu'on y substitue d'autres exercices ayant aussi l'avantage de développer l'énergie et l'adresse de nos populations méridionales, des jeux sans tortures pour les animaux et sans causes de deuil pour les familles.

En 1853, un souffle impur franchit les Pyrénées ; il s'abattit sur nos frontières, apportant le vertige et la soif du carnage. Une première course à la mode espagnole fut donnée à Saint-Esprit-Bayonne. Pendant trois jours, ces fêtes tauromachiques, installées dans une enceinte découverte et construite en charpente grossière, attirèrent une affluence énorme de spectateurs. Elles furent brillantes ; mais il y manquait encore les hommes à cheval qui, la lance au poing, provoquent et blessent le taureau.

Sur cette même place, d'autres courses se succédèrent bientôt, avec tout l'appareil et dans tous les détails d'une course complète. *Cuchares*, célèbre dans la Péninsule, y donna des représentations qui durèrent trois jours. Trente-neuf chevaux et vingt-quatre taureaux y furent mis à mort.

« Cela me semble, écrivait M. Pargat (des Landes), dans l'*Illustration* du 10 septembre 1853, cela me semble, eu égard au temps où nous vivons, une assez jolie hécatombe. Il faudrait être un païen ou un Espagnol pour ne point s'en contenter... Il faut avoir vu les transports frénétiques, il faut avoir entendu les clameurs passionnées de la foule, qui encombrait le vaste cirque du Saint-Esprit, pour comprendre avec quelle merveilleuse facilité s'oblitère le sentiment de l'humanité, sous l'influence des émotions poignantes dont nous faisons un passe-temps à notre oisiveté. » Les femmes assistaient à ces tueries sans qu'un cri d'effroi ou de douleur témoignât de quelque sympathie pour les victimes. « Quant à moi, dussé-je renoncer à l'estime des hommes forts, je déclare librement que je n'eusse jamais été jusqu'à la fin du spectacle, si je n'avais découvert le côté ridicule qui me les a fait supporter. » Et il ajoute : « Je ne saurais définir le sentiment douloureux dont j'ai été saisi en visitant cette partie du cirque que l'on nomme l'infirmerie, dans laquelle la prévoyance de l'entrepreneur avait fait disposer deux grabats pour recevoir les combattants malheureux (1). »

La même année, à Nîmes, une troupe — *cuadrilla* — venue de l'Espagne, attira vingt mille personnes dans le cirque romain des Arènes. L'affiche avait annoncé que le *matador* n'immolerait aucune victime sous les yeux du public ; mais il se regarda comme offensé dans son honneur et réclama énergiquement le droit de tuer les taureaux. L'immense majorité des spectateurs força, par ses cris, l'autorité d'accorder qu'on versât le sang.

Parmi les protestations qui se sont produites à cette époque, et plus tard, je signalerai d'abord celle d'un vénéré prélat, Mgr l'évêque d'Aire, et surtout une supplique, malheureuse-

(1) Après la course, des chevaux blessés à mort furent traînés, la corde au cou, par des gamins et jetés vivants dans l'Adour. Les enfants, à coups de pierres, les mariniers, à coups de rames et de gaffes, les éloignaient du bord et les assommaient. La populace accourue sur le rivage assista, pendant plus d'une heure, avec des cris joyeux, à l'agonie de ces malheureuses bêtes. Ces faits odieux, qu'on peut lire dans un journal de la localité, m'ont été cités par le duc de Doudeauville, auquel un témoin oculaire les avait confirmés.

ment isolée, qui s'est élevée jusqu'au trône. Le 24 juin 1854, un digne pasteur de l'Église réformée, à Bayonne, M. Joseph Nogaret, adressait à l'empereur Napoléon la pétition suivante :

« Sire, des courses de taureaux ont été établies en 1853 dans nos contrées, et il paraît qu'on se prépare à célébrer de nouveau ces jeux sanguinaires, dans le courant de cette année. Sera-t-il permis à un homme d'ordre et de paix de venir déplorer auprès de Votre Majesté toutes les mesures qui favoriseraient, dans notre patrie, l'établissement d'un usage aussi opposé aux principes du christianisme qu'au caractère général de la nation française? Elles tendent, par la vue du sang, à détruire les sentiments nobles et humains, et à développer les instincts sauvages et cruels (1).

« Sire, j'ose vous supplier de mettre un terme à ces spectacles dignes des siècles de barbarie, et qui contrastent d'une manière si affligeante avec les progrès des lumières et de la civilisation.

« Je le demande, au nom du profond respect, de l'obéissance éclairée et consciencieuse qu'il

(1) Le grand Bossuet l'a dit : « L'humanité envers les animaux conduit à l'humanité envers les hommes. »

importe d'obtenir pour les autorités établies, aussi bien que dans l'intérêt des mœurs publiques.

« Je le demande au nom de la morale chrétienne, au nom de la loi qui condamne à la prison ceux qui auront publiquement et abusivement exercé de mauvais traitements envers les animaux domestiques. »

C'était le devoir de notre Société protectrice des animaux de protester énergiquement contre ces spectacles. Elle l'a fait publiquement, hautement. Mesurant moins la difficulté de la tâche, que son utilité, elle s'est constamment efforcée d'arrêter, par toutes ses démarches, le mal qu'elle n'avait pu conjurer.

En 1853, dans une séance solennelle, à l'Hôtel-de-ville, M. le vicomte de Valmer, président de la Société, terminait un éloquent discours, en exprimant ce vœu : « Que toutes les mères, toutes les épouses, toutes les reines adressent une requête à la Souveraine des Espagnes, pour mettre fin à ces combats hideux qui dégradent l'homme et souvent le condamnent à une mort sans gloire (1). »

(1) *Bulletin de la Société protectrice*, 1855, page 115.

L'année suivante, à pareille solennité, le baron de Lagarde Montlezun, chef de bureau au ministère de l'Agriculture, et l'un des membres de la Société, lisait aux applaudissements unanimes de l'assemblée, un remarquable et chaleureux réquisitoire contre l'importation de ces divertissements barbares. J'emprunte quelques lignes à sa péroraison :

« Lorsque sur les confins de la France et de l'Espagne, dans une petite île de la Bidassoa, aujourd'hui déserte et silencieuse, fut conclu, en grande pompe, sous une tente de soie, de velours et de brocart d'or, un mariage célèbre qui unissait deux couronnes, le roi de France put s'écrier avec orgueil : « Il n'y a plus de Pyrénées. » Nous acceptons ce mot pour l'union fraternelle des deux nations, pour le commerce, les chemins de fer, pour les arts ; mais nous ne l'acceptons pas pour les combats de taureaux.

« Nous voulons au contraire qu'il y ait des Pyrénées : nous les exhausserions encore, s'il était possible, et, comme les Titans, nous entasserions volontiers montagne sur montagne, pour empêcher l'accès de ces jeux cruels, de ces spectacles navrants, dont l'idée seule attriste l'âme (1). »

En 1855, les courses de Bayonne surpassèrent en éclat les précédentes. M. Louis Ratisbonne en a donné le récit, dans le *Journal des Débats*. La quadrille fit son entrée dans le cirque, et vint saluer les autorités de Saint-Esprit et de Bayonne, qui présidaient. En tête du cortége marchaient, couverts de brillants costumes, *Tato*, l'élève et déjà le rival de *Cuchares*, et le fameux *Salamanquino*.

La porte de l'étable s'ouvre à deux battants. Un taureau s'élance et fond sur un des hommes armés de piques. Il enfonce sa corne tout entière dans le ventre du cheval, qui se dresse frémissant. Les écarteurs se précipitent au secours de l'homme désarçonné : ils détournent la bête irritée, en agitant devant ses yeux leurs capes de soie rouge. « Alors — spectacle horrible — le *picador* remonte sur le cheval éventré, et pousse au taureau. Le cheval refuse d'avancer, il chancelle sur ses jambes toutes baignées de sang ; le cavalier lui enfonce dans

(1) *Société protectrice*, compte rendu, 1857, page 55.

les flancs un éperon long de plusieurs pouces, aiguisé comme un poignard. Le pauvre animal fait quelques pas, haletant, tandis que de sa large blessure les entrailles s'échappent et lui battent les jambes. Il se traîne ainsi jusqu'à ce qu'il tombe, pour ne plus se relever. »

Les *banderilleros*, armés de flèches garnies de frisures en papier découpé, voltigent autour du taureau, le harcelant, lui clouant dans l'encolure et les épaules ces dards à crochet, souvent garnis de pétards dont la morsure et le bruit exaspèrent sa fureur. Alors s'avance *Salamanquino,* tenant d'une main une épée longue, à large tranchant, et de l'autre, un petit drapeau d'étoffe écarlate, qu'il agite aux yeux de l'animal pour l'exciter davantage et tromper sa fureur. Ce sont les passes de la mort.

Le taureau se précipite, tête baissée, et reçoit dans le cou l'épée jusqu'à la garde. Il bondit, tourne convulsivement sur lui-même, plie les jarrets et tombe. Un *toreador* de bas étage, « quelque chose comme le valet du bourreau, » vient, par derrière, lui donner le coup de grâce, en lui tranchant la moëlle épinière avec un stylet-poignard.

Au bruit des acclamations et des fanfares, les

mules caparaçonnées, portant rubans, grelots et panaches, entraînent au dehors les cadavres du cheval et du taureau.

« Dans ce drame sanglant, véritable scène d'abattoir, ce que je trouvai de plus extraordinaire, ajoute M. Ratisbonne, c'est la part qu'y prenait le public... Des femmes agitaient leurs mouchoirs, comme elles auraient pu le faire dans un cirque de Madrid ; des jeunes filles, la joue empourprée, l'œil en feu, restaient là, comme à l'opéra, souriant, à côté de leurs mères... Au moment où le *matador* tira son épée fumante du corps du taureau, je crus que le cirque allait s'écrouler... La vue du sang peut seule, on le croirait, causer une telle ivresse... Il y a, dans le cœur de l'homme, une bête féroce, qu'il faut se garder d'éveiller. »

Le lendemain, plusieurs taureaux furent immolés par des suppléants, qui firent très-mal la besogne. Un d'eux perdit dans le corps d'une malheureuse bête jusqu'à sept coups d'épée — une ignoble boucherie ! Les spectateurs hurlaient, lui montraient le poing, l'appelaient chien, bourreau ! Mais tout à coup, le taureau fond, la corne basse, sur cet homme ahuri qui recule, hésitant et pâle. On crie alors : « Le lâche !

le lâche! » *El Tato* descend dans l'arène, en costume de ville, et tue enfin l'animal mutilé.

« Le divertissement n'eut pas d'entr'acte : c'est l'usage, dans ce genre de pièces; on n'aime pas à respirer : il faut que le sang coule sans interruption. Un nouveau taureau fut lancé dans l'arène, puis un second, puis un troisième, jusqu'à six, tous blessant et tuant des chevaux, recevant des coups de lance et des banderilles, et tous immolés à la fin, comme le premier, par l'épée du *matador*.

« Dans le nombre, quelques-uns plus pacifiques refusèrent le combat : on leur attacha des banderilles de feu : alors l'animal courait, fou de douleur, dans le cirque, secouant les flèches sur ses chairs grésillantes.

« Le triomphe de cette journée fut pour *el Tato*, qui pourfendit un des taureaux d'un coup d'épée ramené. L'enthousiasme fut à son comble : on lui cria : « A toi, le taureau! » Et l'*espada* de couper l'oreille de la bête morte, en signe de propriété. »

Sur l'affiche on lisait qu'une quadrille de femmes, sous la direction de la fameuse *Martina Garcia*, la première épée du cirque de Madrid, terminerait le spectacle, en combattant de formidables taureaux. « Ces femmes, en jupe courte et en maillot blanc, les unes à pied, les autres à cheval, étaient, dit M. Louis Ratisbonne, de si épouvantables sorcières, avec leurs figures flétries et terreuses, leurs yeux d'araignée féroce, et leur sourire qui ressemblait à une blessure ; elles étaient si horribles de taille, d'allure, de costume et de visage, que le taureau lui-même en eut peur. » Leur entrée fut accueillie par d'insultantes risées. A la première attaque de la bête dont les cornes étaient garnies de tampons, les femmes furent désarçonnées et roulèrent dans la poussière. Seule, *Martina Garcia* fut applaudie ; elle égorgea deux taureaux haut la main, et fut gratifiée d'une oreille (1).

Des spectateurs sont descendus dans l'arène pour interpeller les membres de la quadrille, auxquels le public en révolte a lancé des pommes de terre et des fragments de bois arrachés au cirque.

Le sentiment de dégoût excité par ces malheureuses femmes s'est manifesté pendant le

(1) *Journal des Débats*, 6 octobre 1855.

ong trajet qu'elles ont dû faire, au milieu des huées et des sifflets de la population (1).

Une lettre adressée de Biaritz au *Journal des*

(1) C'est ici le lieu de rappeler, à l'honneur de M. Billaut, alors ministre de l'Intérieur, qu'à l'époque de l'Exposition universelle de 1855, des entrepreneurs de courses s'étant proposé de donner des représentations de ce genre à la population parisienne, il a nettement refusé de laisser établir, au centre de la civilisation, cette école de férocité?

Pareille prohibition avait été faite, deux ans auparavant, en Belgique. Au mois de juillet 1853, M. Charles de Brouckère, bourgmestre de Bruxelles, avait fait arracher des affiches couvrant les murs de la capitale belge et portant : *Courses de taureaux*. Dans une lettre que cet ancien ministre de la guerre adressait au gouverneur de la province de Brabant, il s'exprimait ainsi : « Ce genre de spectacle familiarise le peuple avec la vue du sang, avec les émotions violentes; il doit influer défavorablement sur la morale publique.... »

En Angleterre, par une loi rendue, le 1er août 1840, sous l'heureuse influence du vénérable duc de Beaufort, les combats de taureaux, d'ours, de blaireaux, de chiens, de coqs et de toutes autres espèces d'animaux, soit domestiques, soit sauvages, ont été interdits. En cas d'infraction, une amende de vingt-cinq livres sterling est prononcée même contre ceux qui assistent à ces jeux.

Débats, par M. Baïssas, le 8 août 1859, nous fait connaître les péripéties d'un drame saisissant. C'est encore à Bayonne qu'il se passe. J'abrége le récit. Le taureau fond sur *Mindivil*, qui, pour l'éviter, franchit la barrière. L'animal, la franchissant aussi, poursuit, atteint le *matador* dans le couloir. L'homme meurtri, foulé, pâle et défait, saute dans l'arène: le taureau l'y suit et court à un *picador* dont il éventre le cheval. On crie : « *Bravo!* » Les amateurs sont charmés que la bête ait été tuée du coup. Mais, si le cavalier est démonté, ils perdront la chance de voir tuer un cheval de plus. Ils se mettent donc à crier : « Un autre cheval. » Il faut que le *picador* se remette en selle sur une autre monture. On entretient la fureur de l'animal aux cornes redoutables... Deux chevaux sont encore éventrés. Les amateurs voyant la rage du taureau qui ne se lasse pas de faire des victimes, et qui revient sur leurs cadavres pour perfectionner son œuvre de vengeance, les amateurs se disent : « Mais cela peut devenir encore plus émouvant! Ils crient donc à tue-tête : « Le feu, le feu! » L'animal fend l'air à coups de cornes; il bondit, se roule, frappe la terre, écumant, beuglant, affolé par la rage, secouant avec désespoir les dards qui le brûlent et qui font couler son sang. C'est à faire frémir les cœurs les plus tranquilles. Il éventre encore des chevaux, franchit une seconde fois la barrière, pour frapper, dans le couloir, ses adversaires qui s'y sont blottis, puis rentre dans l'arène. *Domingo* l'aborde et lui plonge sa longue épée entre les deux épaules. Mais l'animal secoue ses flancs et fait sortir l'épée de la profonde blessure. *Domingo* la ramasse et l'enfonce à la naissance des vertèbres. Le taureau tombe, les quatre sabots en l'air, aux applaudissements frénétiques de la foule (1).

Lorsque, malgré toutes les attaques et les blessures, le taureau n'entre pas assez en fureur, ou qu'épuisé par la souffrance et la lutte impuissante, il ne cherche plus à combattre, on lâche sur lui des chiens de bouchers qui le déchirent (2). Alors il se réveille, avec des mugissements effroyables de rage et de désespoir ; il

(1) *Journal des Débats*, 8 août 1860.

(2) « Un autre recours tout aussi cruel, en cas de lâcheté de la part de l'animal, c'est l'entrée de la meute. Ces petits dogues féroces se jettent sur le taureau, se pendent en grappe après lui. »

(Charles Yriarte, *Le monde illustré*, 10 mai 1868.)

foule aux pieds les uns et les écrase, il lance en l'air les autres ou les perce de coups. Brûlé par la poudre, écorché par le fer et lacéré par les dogues, il jette autour de lui l'épouvante et la mort. S'il devient trop dangereux, un toréador armé de la *demi-lune*, faux emmanchée sur une longue perche, le frappe par derrière, tandis qu'il présente la tête aux chiens. Ses jarrets sont tranchés; il tombe, se relève, marchant sur les moignons de ses membres, effrayant dans les angoisses de son agonie, et ne pouvant mourir. M. Théophile Gautier s'écriait, en assistant à cette scène : « Ce n'est plus un combat, mais une boucherie dégoûtante. » Enfin un coup de stylet termine le supplice, au milieu d'une mare de sang.

Lorsqu'en 1861, le journal de la *Gironde* annonça qu'il était question d'organiser des courses de taureaux à la Bastide, où devait être construit un cirque assez spacieux pour contenir huit à dix mille spectateurs, la Société protectrice fit remettre au préfet de la Gironde une requête invoquant son autorité pour qu'il voulût bien s'opposer à l'entreprise.

De cette lettre à laquelle un gracieux accueil a été fait par l'honorable M. de Mentque, qui a refusé l'autorisation demandée, j'extrais les passages suivants :

«..... De telles atrocités transformées en spectacle public démoralisent les populations. La vue du sang éveille et développe les instincts sauvages et féroces, qui mènent au crime.

« Nous ne nions pas que ces fêtes odieuses n'aient un certain intérêt : la pompe théâtrale et guerrière qu'on y déploie, les fanfares, les costumes chevaleresques des acteurs, la fureur du taureau, le danger même que courent les hommes qui l'attaquent, et leur adresse à s'y soustraire, tout cela émeut, passionne la foule : c'est une raison de plus pour qu'elles soient interdites. D'ailleurs, le mal est contagieux. Tolérées à Bordeaux, les courses s'établiraient sur d'autres points. Mais non ; faire de la souffrance et de la mort un objet de plaisir, c'est la plus grave atteinte qui puisse être donnée à la morale publique. La France ne saurait le permettre.

« La civilisation a fait abolir, dans toute l'Europe, les supplices atroces et prolongés. Quand la justice croit devoir s'armer de son glaive. elle fait dresser l'échafaud dans un endroit écarté. et l'arrêt s'exécute dans l'ombre : c'est que la sagesse des gouvernements a reconnu que la vue des tortures endurées même par de grands criminels endurcit le cœur des assistants; loin de décourager les natures perverses, elle les enhardit à enfreindre les lois.

« Sous la Restauration, le préfet de police, M. de Belleyme, a fait fermer d'autorité l'établissement ignoble de la barrière du Combat, où des taureaux, des ours et des chiens féroces, s'entre-déchiraient. L'Angleterre a prohibé les combats de taureaux, d'ours, de blaireaux, de chiens, de coqs, qui, pendant des siècles, avaient servi d'amusement à toutes les classes de la population, et qui étaient passés dans les mœurs. Enfin, tout récemment, le Sénat du royaume de Portugal, a pris des mesures pour abolir les courses de taureaux dans cette partie de la Péninsule, malgré la passion des habitants pour ces joûtes.

« Etablir chez nous ces combats d'animaux, quand ailleurs, à mesure que les peuples s'éclairent et se moralisent, on les abolit, ce serait rétrograder de la civilisation vers la barbarie (1). »

(1) Voir la réponse du préfet de la Gironde. — *Bulletin de la Société protectrice*, 1861, page 354.

VII

Progrès du mal

Interdit à Paris et à Bordeaux, l'immoral spectacle se reproduit, en 1864, à Nîmes. Le préfet en surveille les préparatifs ; il préside la fête. J'abrège le récit d'un témoin indigné, M. Frédéric Béchard :

Le premier taureau s'élance dans l'arène : les *capadores* l'écartent, l'irritent avec leurs capes. Les *picadores* poussent leurs chétives montures, se rapprochent de l'animal, lui enfoncent leur trident dans les reins, et font jaillir le sang. Puis les flèches des *banderilleros* sont accrochés profondément à ses flancs. Le taureau, furieux, affolé, beuglant, parcourt l'arène. Déjà s'éveille dans la foule, parmi les étrangers, un sentiment de répulsion. Les timbales sonnent la mort. *Tato* s'avance au pied de la tribune municipale, et s'exprime ainsi : « Monsieur le gouverneur et toutes les autorités qui avez bien voulu m'appeler dans cette cité, et m'honorer de votre présence, je vous fais hommage de la vie de ce taureau que je vais sacrifier, avec votre permission, en l'honneur des jolies dames de Nîmes. »

L'*espada* plonge sa lame dans le cou de l'animal qui reste debout ; il n'est qu'à demi-mort. Un cri d'horreur s'élève ; *Tato* rejoint la victime qui s'est éloignée, et l'achève.

On amène un second taureau. Cette fois, c'est *Recatero* qui reprend l'épée, et s'avance. Les profondes piqûres des banderilles inondent déjà de sang la pauvre bête, qui beugle douloureusement, sans attaquer, sans se défendre. L'émotion du public devient générale. *Recatero*, troublé, frappe d'une main mal assurée son premier coup ; il retire sa lame fumante, rouge jusqu'à la garde ; mais le taureau, l'œil injecté, le regard terne et vitré, la bouche écumante, ne tombe pas : il reprend sa course pantelante ; le sang s'échappe de la plaie à gros bouillons. Un cri universel d'indignation, de dégoût, éclate dans l'amphithéâtre. L'homme — l'assassin — revient à la charge. C'est une nouvelle et hideuse blessure de plus, voilà tout. Le taureau, éperdu, mugissant, cherche à fuir; nouveau coup d'épée : il vit encore! Le *matador*, confus, blême, effrayé par l'orage populaire qui gronde autour de lui, frappe encore.... A *quatorze* reprises, l'épée pénètre dans le cou, dans l'épaule, dans les flancs de la victime. La mort ne vient pas. La colère du public est à son paroxisme. De toutes parts on crie : « Assez ! sortons, c'est une boucherie, nous nous déshonorons, fermez l'abattoir ! » Clameur immense, prolongée, formidable de vingt mille hommes debout, gesticulant, menaçant, montrant le poing au *torero*, pour mettre un terme à cet abrutissant scandale, invoquant l'intervention de l'autorité, qui reste *immobile* sur son siége ; on jette des oranges, des pierres, des chaises, tout ce qui tombe sous la main, à l'*espada* consterné.

Enfin, après un dernier coup, au milieu de ce tonnerre d'imprécations, de huées, de sifflets, de cris d'horreur, le taureau s'affaisse, tombe sur ses genoux, en face de la loge administrative comme pour demander grâce, et tend la tête au couteau libérateur. Le *cachetero* ne l'achève qu'au troisième coup de poignard.

Quatre autres victimes se succèdent : pour toutes les mêmes banderilles, le même trident ensanglanté, la mort pour dénouement, et jamais la mort foudroyante.

La seconde journée ressemble à la première, avec un peu moins d'horreurs pourtant. Mais la foule avait en partie disparu. Les chaises réservées des premiers rangs seraient restées vides, si le public des petites places ne les avait violemment envahies.

Dans une Cour d'assises, on avait à juger un crime scandaleux : le président s'adressa, dans ces termes, à l'auditoire où les hommes n'étaient pas en majorité : « Nous allons entrer dans des détails que la décence ne permet pas aux dames d'entendre : j'invite les femmes honnêtes à se retirer. » Personne ne bougea. Après un instant, il reprit : « Maintenant, huissier, faites sortir *les autres.* »

A Nîmes, les gens délicats, ceux qui n'aiment pas les plaisirs féroces, n'étaient pas revenus aux arènes ; *les autres* seuls se pressaient dans l'enceinte.

Le grotesque et l'horrible se sont montrés dans cette farce lugubre, entourée de solennité. Des lazzis s'échangeaient; des dames se sont évanouies, tant leur émotion était profonde; et, non loin d'elles, une jeune fille de seize ans, Mlle R..., de Marseille, appartenant à une famille riche, considérée, et qu'il ne convient pas de désigner davantage, battait des mains, avec des cris d'enthousiasme et de passion. On l'a vue se lever, l'œil en feu, gesticuler, et jeter un beau porte-cigare à *Tato*, l'élégant égorgeur, si chéri des *manolas* de l'Andalousie.

Cet homme a reçu les félicitations du préfet, qui lui a remis, au nom de la ville, une couronne et une médaille d'or!

Deux ans se passent sans que cet outrage à la raison, à la morale, à tous les sentiments humains ose se reproduire. Au département des Landes était réservé le déshonneur de ramener en France des scènes hideuses que des esprits généreux s'efforcent d'abolir, même en Espagne, et que Juarez vient d'interdire, au Mexique (1). Au mois de juillet 1865, dans l'arène de Mont-de-Marsan, seize chevaux sont

(1) *La Liberté*, 13 février 1868.

percés de coups de cornes, misérablement éventrés; treize taureaux sont massacrés sans résistance. Pour ajouter à l'ignoble spectacle, un enfant de dix ans, bourreau précoce, s'acharne sur trois de ces animaux, qu'il égorgille, et tue à coup d'épée. A Murcie, dans la Péninsule, on a vu mieux encore : on a vu des jeunes filles remplir le rôle de *matador*.

« On se demande, dit le journal de *la Gironde*, si on est revenu au temps de la barbarie. »

A Nîmes, pour célébrer la fête de l'Empereur, on renouvelle, en l'aggravant, le scandale de 1863. Dix mille spectateurs, hommes, femmes et enfants, devenus de féroces amateurs, dégustent, pendant cinq heures, le carnage dans les arènes. Plus heureux qu'en 1863, ils voient, en un jour, étriper cinq chevaux, dont on a bandé les yeux, qui perdent leur sang, qui traînent leurs entrailles fumantes, râlant, et forcés par l'éperon à promener dans le cirque leur agonie.

A la première annonce des courses, la Société protectrice des animaux avait sollicité du préfet des Landes et du préfet du Gard l'interdiction de ces amusements immmoraux.

Voici la lettre ferme et digne que le secrétaire-général a écrite, que j'ai signée et adressée, en qualité de vice-président, le 30 juillet 1865, au nom de la Société :

« Monsieur le Préfet,

» C'est avec un sentiment des plus pénibles, que la Société protectrice des animaux apprend que Nîmes va encore offrir à sa population le spectacle sanglant des courses espagnoles. Le pitoyable résultat de celles qui viennent d'avoir lieu à Mont-de-Marsan, et contre lesquelles s'élève la presse, ne suffit donc pas pour condamner cet emprunt fait à l'étranger? Les intérêts de la civilisation sont donc méconnus dans le midi de la France? Quel profit peut-il résulter de ces tueries, pour compenser le tort qu'elles font à l'éducation populaire? Et c'est au moment où la Société protectrice, avec l'assentiment de Son Excellence le ministre de l'Instruction publique, engage les instituteurs à inspirer à leurs élèves la compassion envers les animaux, que de pareilles fêtes vont étaler pompeusement leurs atroces succès? De quel droit, dira-t-on à l'enfant d'épargner les animaux, quand l aura vu les hommes en mutiler sous ses yeux, l'enthousiasme des spectateurs saluer le carnage, et l'autorité elle-même encourager ces actes par sa présence ? »

Dans toute la France, dans les départements du midi même, l'opinion publique s'est émue de dégoût contre les bourreaux, de pitié pour les victimes, d'indignation contre les promoteurs ou les complices de ces saturnales. D'unanimes protestations se sont élevées dans la presse, adjurant la Société protectrice d'intervenir, lui reprochant une inaction dont elle n'était pas coupable.

Quelques journaux ont gardé le silence ; aucun n'a donné son approbation ; presque tous ont sévèrement blâmé ; tous mériteraient d'être cités ici ; je me borne à deux extraits :

« Nous n'avons pas, dit la *Patrie*, à faire de la sentimentalité ; mais nous ne croyons pas que l'âme la plus virile ait rien à demander à de pareils spectacles. Quant à leur immoralité, elle se dénonce trop d'elle-même pour que nous ayons à la signaler. On apprend à être farouche, comme on apprend à être humain. C'est affaire d'enseignement, et malheureusement les impressions que laissent après elles les courses dont nous parlons sont de la nature la plus odieuse, pour ne pas dire la plus révoltante. »

Le *Siècle* va droit au but : « Nous n'insisterons pas, dit-il, sur ces scènes dégoûtantes, où de malheureux chevaux, sacrifiés d'avance, livrent leurs flancs amaigris à la corne du taureau, où d'ignobles cavaliers éperonnent encore de pauvres animaux qui marchent sur leurs entrailles pendantes. Ces arènes transformées en charnier, ces spectateurs applaudissant à une tuerie, est-ce là un spectacle à donner au peuple ? Les Nîmois d'aujourd'hui sont-ils donc les Nîmois du temps de Tibère ? Demandons tout simplement aux maires et aux préfets d'appliquer la loi Grammont, au lieu de la violer ouvertement, comme viennent de le faire le maire et le préfet de Nîmes. »

VIII

Lettre pastorale

Voici l'extrait fidèle de la lettre pastorale adressée par l'évêque de Nîmes au clergé et aux fidèles de son diocèse contre les courses de taureaux, et que plusieurs journaux ont reproduite en entier :

« ... En condamnant ces jeux, nous pressentons qu'il en est beaucoup à qui notre sévérité paraîtra tout à la fois étrange et désagréable... L'ardent intérêt que nous vous portons ne reculera point devant l'impopularité d'une exhortation que nous regardons pour nous comme obligatoire, et pour vous comme nécessaire...

« ... Il y a deux espèces de *Courses de tau-*

reaux : les unes sont traditionnelles dans ce pays; les autres, de temps en temps, nous viennent de par-delà les Pyrénées. Ces deux genres de combats ne sont ni dangereux ni sanglants au même degré; mais tous les deux sont incompatibles avec le véritable esprit chrétien... Pourquoi ramener les taureaux à ces tortures dont le christianisme avait délivré leur race?... Quand le double stimulant du fer et de la douleur les aura comme embrasés de rage; quand ils courront en désespérés dans l'enceinte du combat, remplissant l'air de leurs mugissements, la joie de l'assemblée sera profonde et croîtra pour ainsi dire avec les angoisses de la bête irritée...

« Quel est cet autre animal qui succombe avec le taureau et par la violence du taureau lui-même? Ne reconnaissez-vous pas celui que Job a peint dans un si fier langage? C'est le cheval... Ceux qui le montent le précipitent sur le taureau pour l'irriter... Le taureau, déchaînant contre lui toutes les fureurs d'une corne meurtrière, s'efforce de le blesser à mort. Quand il a fait une victime, il en poursuit une seconde. Plus il les multiplie, plus il est agréable aux spectateurs...

« Ces jeux ne sont attrayants que par le côté du péril et de la souffrance... On a vu le taureau soulevant des toréadors avec ses cornes, les lancer dans les airs... pour les laisser retomber sur le sol de l'arêne, meurtris, broyés, expirants, et joignant un cadavre d'homme aux cadavres des bêtes... Prétendra-t-on qu'il est inouï que le taureau ait franchi les barrières destinées à défendre la foule, et porté l'effroyable péril de sa rage parmi les spectateurs épouvantés ? Si ce malheur est rare, demandez à vos souvenirs si vous n'avez pas vu ou entendu raconter quelques-uns de ces accidents sinistres ? Demandez à l'Espagne si ce sont des chimères ; l'Espagne qui, presque chaque année, dans ces jeux homicides, voit périr plusieurs combattants ; l'Espagne qui, pour attester qu'elle croit aux dangers même mortels de ces jeux homicides, place près du cirque, au moment du spectacle, un prêtre avec les saintes huiles, pour administrer ceux que les taureaux auraient frappés d'un coup sans espoir. Demandez enfin à tous les historiens qui se sont occupés d'enregistrer les catastrophes de nos modernes amphithéâtres, et vous saurez combien d'agonies se sont mêlées à l'ivresse de ces sanglantes fêtes,..

dans ces luttes où la fureur des animaux et leur mort est le but direct, le plaisir envié; où le trépas de l'homme est toujours une chance qu'on accepte, un dénoûment auquel on se résigne froidement, si l'on n'y applaudit pas...

« Dans l'enceinte où se livrent ces assauts sanglants, non-seulement des hommes, mais des femmes, mais de jeunes filles, mentant à la délicatesse de leur nature, abdiquant les saintes susceptibilités de leur tendresse, ne rougissent pas de contempler comme un amusement ces atrocités dont la pensée seule devrait leur faire horreur.

« Nous dépassons les Romains!... Les Romains disaient autrefois : « Du pain et des jeux. » De nos jours, certains hommes du peuple, qui ont peine à vivre, vont plus loin, et diraient volontiers : « Des jeux et puis du pain, si c'est possible. » Ils aggravent leurs privations et celles des personnes qui les entourent,... jusqu'à vendre ou engager certains objets qui leur sont nécessaires, afin de se procurer l'argent dont ils ont besoin pour entrer dans le théâtre de ces luttes cruelles...

« On se passionne pour ce qui devrait révolter... L'aspect d'une plaie entr'ouverte, la pourpre du sang qui coule exercent sur les yeux la plus irrésistible des fascinations ; le moment où la foule tressaillie avec le plus d'exaltation,... c'est quand un coup plus sinistre que les autres vient d'épouvanter l'arène.....

« Les femmes chrétiennes, qui ne peuvent souffrir une larme à la paupière de leur enfant ; qui souvent ne peuvent voir un malade sans défaillance ; qui ne sauraient supporter le spectacle d'un oiseau blessé, prennent, dans ces courses terribles, une nature de bronze. On les voit ordinairement plus nombreuses que les hommes aux exécutions capitales ; le sont-elles moins aux courses de taureaux ? Nous ne pourrions le dire ; mais ce qui est sûr, c'est qu'elles n'y sont pas moins passionnées... Elles agitent les bras, elles poussent des cris aux moments solennels, avec une fougue, des élans, des convulsions qui révèlent quelle fumée le sang répandu fait monter à leur tète.

« Tel est l'incendie allumé par tous les spectacles sanglants ; quand on les a vus, on veut les revoir encore... Ils auront été monstrueux et dégoûtants ;... au li u d'une lutte, on n'aura rencontré qu'une boucherie... Au spectacle prochain, la même multitude reviendra prendre sa place, au risque de rencontrer les mêmes horreurs... Le sang, une fois bu par les yeux, excite une soif intarrissable. Elle se contente aujourd'hui de voir les hommes lutter contre les taureaux ; avec la répétition de ces scènes cruelles, les cœurs s'endurciraient, et viendrait une époque où, sans scrupules, les uns ressusciteraient les odieux combats des gladiateurs, les autres courraient avec fureur applaudir à ces jeux inhumains...

» Au sein d'un pays comme le nôtre, où règne tant de mobilité dans l'ordre social, où les révolutions sont si faciles et fréquentes, il est bon de ne pas développer dans la nation des instincts farouches, dont elle pourrait abuser ensuite, dans un moment de trouble et de chaos, pour se déchirer elle-même, dans de sanglantes saturnales... »

Qu'ajouter à de si nobles et éloquentes paroles? Rien, si ce n'est qu'elles sont restées impuissantes!

On voulait amuser le peuple : on a réussi. Et pourtant le spectacle espagnol n'a pas eu là tout l'attrait émouvant qu'il comporte : un homme blessé à mort, les affres de son râle et de son agonie.

Quand une exécution capitale sera jugée nécessaire à Nîmes, qu'on ouvre les arènes, pour y dresser l'échafaud ; qu'on mette les places à des prix raisonnables, on aura la foule ; et l'on pourra, comme à Marseille, entendre, au milieu des lazzis et dans l'impatience de l'attente, un chœur de dix mille voix préluder ironiquement aux apprêts funèbres. La veille des courses de taureaux à mort, des milliers de Marseillais s'étaient réunis à la plaine Saint-Michel, où l'on devait guillotiner l'assassin Picot. La plate-forme resta vide. Les amateurs, qui s'ennuyaient, se prirent à hurler l'hymne des morts et le *Miserere.*

Les amateurs Nîmois n'ont pas vu couler le sang humain.

Qu'ils retournent aux Arènes. Afin de les dédommager, on fera, pour eux, écraser chaque jour un taureau par un éléphant, en attendant qu'ils aient sous les yeux, aux courses de 1866, le cadavre du *banderillero Matheo Cabrera,* éventré, transpercé par la corne du taureau.

Heureuse population, pour qui l'on varie ingénieusement les plaisirs honnêtes, laisse-moi simplement rappeler, à bon entendeur, qu'il existe une loi protectrice des animaux ; qu'à Nîmes, comme ailleurs, la violer ouvertement, au lieu de la respecter, et de la faire appliquer, c'est donner un mauvais exemple.

IX

Adjuration.

Presque partout, je crois l'avoir suffisamment démontré, l'indifférence ou la répulsion se manifeste contre les courses de taureaux à mort. Les hommes vraiment français qu'une curiosité irréfléchie, ou le rôle d'observateurs avait attirés dans les cirques de Saint-Esprit, de Mont-de-Marsan, de Nîmes, en sont sortis nâvrés, blessés dans leur conscience et leur orgueil national; tous protestent contre des scènes affreuses et dégoûtantes, plus coupables encore chez nous qu'en Espagne. Ils disent que l'éclat des costumes, le bruit, l'enivrement de la foule masquent, sans l'atténuer, l'horreur du carnage, le cri des os brisés, le râle de l'agonie. Ils disent que la vue et l'odeur du sang ont des contagions redoutables. Leur protestation retentit dans le palais du Luxembourg.

Le Sénat proteste avec eux : il accueille une pétition généreuse, signée par l'honorable M. Doussault; le 20 mars 1866, il entend le rapport approbatif et noblement énergique du comte Mimerel (de Roubaix), sur cette pétition, et la renvoie, avec une recommandation spéciale, au ministre de l'Intérieur.

L'occasion de donner une satisfaction tardive, mais, espérons-le, définitive aux sentiments d'humanité violés par les fêtes tauromachiques, tardera-t-il à se produire ? Non :

Au mois de mai suivant (1866), un maire — je rougis qu'il soit médecin, — autorise, encou rage une troupe espagnole à donner, à Périgueux, le spectacle des *taureaux à mort*, dans un cirque immense, élevé pour la circonstance.

La corne aiguë des farouches animaux, les chevaux chancelants des *picadors*, la *spada* du *matador*, le poignard du *cachetero*, la foule avide d'émotions, tout est prêt pour ce carnage. Mais, sur la porte du *toril*, au moment de commencer la course, l'autorité municipale, rappelée à ses devoirs par ordre supérieur, s'est vu forcée d'inscrire, au grand désappointement des amateurs périgourdins, de haut et bas étage, accourus de fort loin : « LE SANG NE SERA PAS VERSÉ. »

Son Excellence M. de la Vallette, ministre de l'Intérieur, venait d'adresser au préfet de la Dordogne une lettre se terminant ainsi :

... « Si le gouvernement ne se hâtait de restreindre les courses de taureaux dans les limites de la loi, s'il usait encore d'une tolérance dont plusieurs autres villes ne manqueraient pas de se prévaloir, un spectacle, qui n'est point fait pour nos mœurs, et dont l'influence peut être dangereuse, s'introduirait en France, et, de proche en proche, prendrait rang parmi les réjouissances offertes aux populations de Paris et de l'Empire.

« C'est ce qu'il faut éviter ; c'est ce qui m'interdit toute concession contraire à la législation existante. »

Dignes et sages prohibitions ! Mais les idées et les ministres changent, parfois : le péril conjuré peut n'être qu'ajourné, si les simulacres autorisés, qu'on offre, au cirque du Hâvre, attirent sérieusement la foule.

Je fais appel à vous tous, hommes de cœur, en qui vibre le sentiment de l'humanité ; à vous, organes de la presse, sentinelles avancées et vigilantes, toujours prêtes à signaler les dangers qui menacent la moralité, l'honneur du pays ; à vous, femmes généreuses et compatissantes, dont les accents persuasifs et l'exemple enseignent le devoir, la justice et la pitié; tous, je vous adjure, au nom d'un intérêt public, de protester de concert contre l'immoralité cruelle et dangereuse d'une importation qui tente encore de franchir nos frontières.

FIN

SOMMAIRE

OUVRAGES

RELATIFS A LA PROTECTION DES ANIMAUX

DE LA RAGE, CHEZ LE CHIEN ET DES MESURES PRÉSERVATRICES, par le docteur H. Blatin, brochure in-8° de 48 pages. Prix : 1 fr. — Chez J.-B. Baillière, rue Hautefeuille, 19.

NOS CRUAUTÉS ENVERS LES ANIMAUX, AU DÉTRIMENT DE L'HYGIÈNE, DE LA FORTUNE PUBLIQUE ET DE LA MORALE, par le docteur H. Blatin. 1 volume in-12 de 440 pages. Prix : 3 fr. 50. — Chez Hachette, boulevard Saint-Germain, 77.

LA CRUAUTÉ ENVERS LES ANIMAUX, C'EST LA RUINE. — TROIS HISTOIRES VRAIES DÉDIÉES AUX CONDUCTEURS DE CHEVAUX, par M. Evariste Thévenin. Brochure in-12. Prix : 60 c. — Chez Gauguet, rue Hautefeuille, 18.

MONSIEUR LESAGE OU ENTRETIENS D'UN INSTITUTEUR AVEC SES ÉLÈVES SUR LES ANIMAUX UTILES, par M. L.-A. Bourguin. Prix : 1 fr. — Chez Gauguet, rue Hautefeuille, 18.

JEAN LE DÉNICHEUR OU MISÈRE ET RICHESSE, par M. A. Humbert, petit in-18. — Chez Hachette, boulevard Saint-Germain, 77.

LE CŒUR DES BÊTES, par M. O. Honoré, 1 vol. in-12. Prix : 2 fr. — Chez Humbert, rue Cassette, 17.

MADAME ADELINE, par mademoiselle Lilla Pichard. Prix : 75 c. — Chez Belin, rue de Vaugirard, 52.

PARIS. — E. DE SOYE, IMPRIMEUR, PLACE DU PANTHÉON, 2.

Paris, imprimerie E. DE SOYE, place du Panthéon, 2.

www.ingramcontent.com/pod-product-compliance
Ingram Content Group UK Ltd.
Pitfield, Milton Keynes, MK11 3LW, UK
UKHW021822190726
13853UKWH00003B/1129